LE TENTATEUR.

Bruxelles. — Imp. de E. Guyot, succ. de Stapleaux,
rue de Schaerbeek, 12.

COLLECTION HETZEL.

LE TENTATEUR

PAR

X. MARMIER.

Édition autorisée pour la Belgique et l'Étranger,
interdite pour la France.

LEIPZIG,

ALPHONSE DÜRR, LIBRAIRE-ÉDITEUR.

1857

I

Aujourd'hui est mon anniversaire de naissance. J'ai accompli ma soixantième année. Mes cheveux bruns, autrefois si fins, se sont durcis et ont grisonné; mes cils sont tombés et le vermillon de mes joues a disparu. On dit que mes yeux n'ont pas encore perdu leur vive expression, ni mes dents leur blancheur. Mais je porte des lunettes, et, depuis plusieurs années, je ne puis plus casser avec mes dents les noisettes, dont j'étais très-friand. C'est triste.

A la vérité, quand je regarde ma bonne Marie

Ivanovna, je ne puis plus m'étonner de ma transformation. Seigneur de Dieu, quel changement s'opère en nous par les années! Est-ce là cette Marie, plus fraîche autrefois que la fleur du printemps après la rosée du matin? Est-ce là cette figure idéale dont un peintre aurait fait une image de madone? Qui croirait que cette bonne vieille, assise avec sa capote d'indienne devant son métier, ou tricotant pour moi un bonnet de coton, a eu autrefois la taille si svelte, les boucles de cheveux si blonds, les lèvres si roses et deux rangées de dents que je ne pourrais comparer qu'à des perles, si l'on n'avait abusé de cette comparaison?

Mais j'éprouve, en la regardant, une tendre émotion. Ces rides se sont creusées peu à peu, dans le cours de notre commune existence. Nous voilà, après trente années d'un bonheur continu, pleins de tendresse et de confiance l'un envers l'autre comme au premier jour, et j'ai deux fils et trois filles dont les deux plus petites sont le vivant portrait de leur mère. Ce sont là des joies meilleures que celles qui troublent notre raison aux jours ardents de la jeunesse. Une fidèle compagne, une femme dévouée ne vieillit point aux yeux de son époux, et mon sang bouillonne encore dans mes veines quand je songe que j'ai failli perdre à jamais cette pure félicité par les manœuvres d'un être diabolique. Oui, c'était un démon, c'est-à-dire un démon de notre siècle, élégamment vêtu, coquet, spirituel, astucieux, railleur, tel enfin que celui qui apparut au magicien Faust. Vous croyez peut-être que j'exagère, mais vous me comprendrez mieux quand vous aurez lu mon récit.

Je n'avais pas plus de trois mois quand la mort me priva des soins de ma mère. A l'âge de quatre ans, je perdis mon père. Conformément à sa dernière volonté, je fus placé sous la tutelle de son cousin germain Ivan Stepanovitch Bieloserski. C'était le plus proche parent qui me restât.

Avant d'en venir à ma propre histoire, il faut, chers lecteurs, que je vous donne au moins une idée de la famille de mon tuteur, du village solitaire où j'ai été élevé, où j'ai grandi, et où j'aspire souvent à retourner.

Ivan Stepanovitch avait servi dans la garde. A l'âge de vingt-neuf ans, il devint amoureux d'une bonne et aimable jeune fille qui était la sœur de son commandant. L'année suivante, il l'épousa. Après la campagne de 1790 contre les Suédois, où il se distingua par sa bravoure, il quitta le service avec le rang de brigadier et se retira dans ses terres, mais non pour y vivre dans une molle oisiveté. Il s'occupa sérieusement du bien-être de ses paysans. Tandis que ses voisins riaient entre eux de le voir s'imposer une telle tâche, ses revenus augmentaient d'année en année, et tout prospérait dans ses domaines. « C'est singulier, se disaient ses voisins, ce Bieloserski semble oublier ses propres intérêts pour ne songer qu'à ceux de ses ouvriers, et jamais on ne vit une terre en meilleur état que la sienne ! »

Quand Ivan se promenait dans son village avec sa femme et sa fille, il ne voyait sur son chemin que des visages joyeux. Les enfants ne se cachaient pas timidement à son approche ; ils accouraient, au contraire, à sa rencontre, et plus d'un vieillard s'avançait d'un pas débile sur le seuil de sa cabane pour le voir passer et pour le bénir.

Lorsque je partis pour Moscou, à l'âge de dix-huit ans, Ivan Stepanovitch en avait environ soixante. Il souffrait alors assez fréquemment de ses blessures, et pouvait par ses infirmités prédire les changements de température. Sa physionomie n'était point de celles qui vous frappent au premier abord ; mais, quand il vous parlait, quand il vous prenait affectueusement la main, il y avait dans ses regards et dans tous les traits de son visage, une telle expression d'honnêteté et de bonté, que, dès qu'on l'avait vu dans cette calme et franche expansion, il n'était plus possible de l'oublier.

Quoique, à l'époque que je viens de mentionner, sa femme eût dépassé la quarantaine, personne n'aurait pu s'imaginer qu'elle eût une fille prête à se marier. Les Français disent : « C'est la lame qui use le fourreau. » En effet, ce sont les passions turbulentes et mauvaises, les emportements et les méchancetés de la colère, ou les transports désordonnés qui le plus souvent nous infligent une vieillesse prématurée. Nous nous laissons abuser par la peinture éloquente des passions ; l'amour qui ne va pas jusqu'à la déraison ne nous semble pas mériter le nom d'amour. Nous oublions que ces extravagances sont autant de dégradations de la dignité humaine et d'outrages à la loi de Dieu.

Eudoxie Michaïlowna (ainsi s'appelait l'épouse d'Ivan) avait une douceur de nature et une foi religieuse qui assuraient sa placidité. Quand elle éprouvait quelque chagrin, elle priait et se réconfortait par la prière. Quand il lui arrivait un bonheur inattendu, elle remerciait Dieu, et son cœur conservait sa riante quiétude. Sa fille ! je voudrais vous la dépeindre. Mais non. Faites-vous-en, s'il se peut, une image à vous-même, et croyez qu'il n'y avait pas au monde une créature meilleure et plus charmante que Mariette Bieloserska, à l'âge de seize ans.

Pour finir le tableau de cet intérieur de famille, je dois citer encore trois personnages qui en faisaient partie. Le premier était Conrad Robuilef, le plus brave, le plus fidèle des serviteurs. Il avait été sergent dans la garde, et occupait l'emploi de maître d'hôtel dans la maison de son ancien capitaine. Quoiqu'il fût aussi affecté de plusieurs infirmités, il aurait pu encore avec sa haute taille garder une belle posture dans un bataillon, et il maniait aisément la lourde carabine du fantassin. Devant son commandant, il conservait la mâle attitude du soldat et s'emportait contre les paysans de son âge quand il les voyait marcher le dos voûté ou s'appuyer sur un bâton.

— Quelles gens ! s'écriait-il en tordant ses longues moustaches. Ils ne comptent pourtant pas plus d'années que moi.

Conrad, à l'exemple de son maître Ivan, portait, les jours ordinaires, la capote militaire ; mais, le dimanche, il se montrait en grand uniforme, poudrait ses cheveux avec de la farine et cirait ses moustaches. Tout le monde l'aimait.

Aux gens d'un âge mûr, il plaisait par sa franchise et sa bonté ; aux enfants, par les contes qu'il leur. faisait sur ses campagnes en Turquie et en Suède, sur les mœurs et les singularités des différents pays qu'il avait parcourus.

Les deux autres personnages installés à poste fixe dans la maison de mon tuteur, étaient une bonne allemande, et un pércepteur français qu'on appelait M. Jean.

L'habitation de mon tuteur était située à une courte distance de la grande route, et de trois côtés entourée par une forêt de chênes. Si j'écrivais un roman, je dirais que ces bois étaient remplis de rossignols. Mais je ne veux pas m'écarter de la vérité. A l'approche du printemps, on voyait s'abattre là une quantité de corbeaux, dont les rauques et continus croassements m'ont fait une telle impression, que maintenant une forêt sans corbeaux produit sur moi le même effet qu'une maison déserte, ou une ville dépeuplée.

En arrivant à notre demeure par la grande route, on ne voyait d'abord que des rameaux touffus, puis peu à peu on distinguait la toiture rouge de l'édifice principal, ensuite ses deux ailes, et, enfin, les communs, et les bâtiments de la ferme, qui occupaient un vaste espace entouré d'une haie. Au pied du château fleurissait un parterre. De plusieurs côtés la vue était assez bornée ; mais, de la chambre d'Ivan, on voyait une longue chaîne de collines, un étang qui me semblait un lac immense, et les cabanes du village.

Je jouissais perpétuellement de l'aspect de ce vaste panorama, car j'occupais à l'entre-sol une chambre au-dessous de celle d'Ivan. A cet âge, où nous n'avons pas encore la conception du beau, la vue d'un paysage tel que celui qui se déroulait devant moi me causait un plaisir inexprimable. Souvent je passais des heures entières à ma fenêtre, ne pouvant me lasser de contempler ces bois, ces collines, ces vertes campagnes que le printemps faisait si riantes. Que de fois, dans ma tête d'enfant, je conçus le désir de m'èn aller jusqu'à cette ligne vaporeuse où le ciel semblait se rejoindre à la terre, afin de contempler le disque du soleil quand il s'inclinait à l'horizon ! Ce que je désirais encore plus, c'était de pénétrer dans les profondeurs de la forêt. Quelles merveilles, me disais-je, il doit y avoir là, sous les rameaux mystérieux ! quels animaux étranges, et peut-être des hommes d'une nature extraordinaire !

Un jour, je communiquai mes idées au vieux

Conrad, qui remplissait près de moi l'office de gouverneur, et je fus bien déconcerté quand j'appris que cette forêt, que je croyais sans bornes, n'avait que cinq ou six verstes d'étendue, et qu'au delà se trouvaient des villages pareils au nôtre.

Je passais la plus grande partie de mon temps avec Mariette. Nous avions pris l'habitude de jouer ensemble, d'étudier ensemble et de nous communiquer l'un à l'autre tous nos petits secrets d'enfant. Je l'appelais ma sœur ; elle me nommait son frère. Jamais l'idée ne nous était venue que nous n'étions ni frère ni sœur.

Un jour, quelle émotion je lui donnai, à cette chère enfant ! J'avais enfin décidé Conrad à me conduire à l'extrémité de la forêt. A mon retour, je racontai à Marie les aventures de ce voyage, et je la vis pâlir lorsque je lui dis que j'avais traversé un étang profond, que j'avais entrevu des animaux comme on ne peut s'en figurer, et aperçu, non loin de moi, un loup.

— Conrad, ajoutai-je, prétend que c'était un chien ; mais, moi, je suis bien sûr que c'était un vrai loup ; j'ai vu comme ses yeux flamboyaient et comme il grinçait des dents.

Naïfs souvenirs de mon enfance ! qu'il m'est doux de les garder ! Les gens graves riraient peut-être de mes rêves. Les savants me démontreraient à quelle erreur m'entraînait mon ignorance. Mais le plus doux bonheur n'est-il pas dans le cœur de l'enfant ou dans le cœur de ceux qui, selon les paroles de l'Évangile, redeviennent semblables à des enfants?

II

Ainsi que je l'ai dit, ni Mariette ni moi, nous ne savions pas qu'il n'existait entre nous qu'un titre de parenté au quatrième degré. Nous grandîmes sans songer que nous pouvions nous épouser. Un jour que Mariette avait commis je ne sais quelle étourderie, sa bonne, qui la réprimandait, lui dit :

— C'est une honte pour une jeune fille de se conduire de la sorte, quand elle est fiancée !

Ce mot me frappa.

— Fiancée ! me répétais-je ; fiancée ! Eh quoi ! Mariette pourrait-elle s'unir à un homme qu'elle aimerait mieux que moi? Non, non; c'est impossible.

Deux mois après, nous assistions à une noce chez un de nos voisins. J'éprouvai une émotion pénible en voyant la gaieté du jeune homme dont la sœur allait se marier.

— Ah! me disais-je, il n'a donc pas d'âme, ce garçon qui va être éloigné de sa sœur, et qui semble si joyeux!

Lorsque à l'église, au moment de la bénédiction nuptiale, il abandonna la main de sa sœur à celui dont elle allait porter le nom, je saisis par une sorte de mouvement convulsif la main de Mariette, et la serrai si fortement, que la pauvre enfant en fut effrayée.

— Ah! ma petite sœur, lui dis-je, si quelqu'un venait un jour ainsi...! Mais non, personne ne pourra t'enlever à moi.

Mon impétueuse émotion ne donna à l'innocente Mariette qu'une idée: c'est que je l'aimais beaucoup plus que les frères n'aiment en général leurs sœurs. Moi-même, je ne comprenais pas la nature du sentiment qui se développait en moi, jusqu'au moment où il me fut révélé par un hasard singulier. Le jour où j'atteignais ma seizième année, Conrad entre le matin dans la chambre.

— Je viens, me dit-il, vous offrir mes félicitations; c'est aujourd'hui votre anniversaire de naissance. Levez-vous et habillez-vous : voici l'heure de la messe. Après l'office, le maître part pour la ville.

— Quoi ! tout seul ?

— Non, il veut vous emmener avec lui et madame et mademoiselle.

— En vérité, j'irais voir la ville !

Je dois dire en passant que, quoique la ville où résidait le gouverneur ne fût qu'à une vingtaine de verstes de notre habitation, je ne la connaissais encore que par les séduisantes peintures qu'on m'en faisait. Mon tuteur lui-même n'y allait que très-rarement.

— Oui, reprit Conrad, vous verrez la ville et de plus la foire.

— Est-il possible ?

— Je vous l'affirme. Mais hâtez-vous ; on a déjà commencé à sonner l'office.

J'étais dans le ravissement. Voir la ville, assister au spectacle d'une foire ! Quelle joie ! Dans mon agitation, je bouleversais toute ma garde-robe ; je mettais mon gilet à l'envers, et me nouais au col un mouchoir au lieu d'une cravate. Enfin, à l'aide de Conrad, je parvins à m'habiller, et nous nous rendîmes à la chapelle. J'avoue que, ce jour-là, je fis une fort mauvaise prière. Je ne pensais qu'à mon excursion ; il me tardait que l'office fût terminé, et j'avais peur qu'on ne partît sans moi.

Enfin voilà la messe finie. Nous rentrons à la maison ; le déjeuner est prêt, puis la voiture qui doit nous emmener s'avance au pied du perron avec un attelage de huit chevaux.

Nous partons. Je suis assis à côté de Mariette. Comme elle est jolie avec sa robe blanche et ses blonds cheveux flottant sur ses épaules ! quel éclair de joie dans ses yeux ! quelle animation dans toute sa physionomie ! A mesure que nous avançons au delà des limites de nos promenades habituelles, chaque objet excite son attention, éveille sa curiosité.

Cependant la route que nous parcourons est très-uniforme. Des champs, toujours des champs ; çà et là seulement quelques coteaux parsemés de bois de bouleaux, et des villages dispersés de côté et d'autre ; Mariette regardait avec moins d'empressement ce tableau champêtre, et commençait à en souhaiter un autre, quand soudain, me serrant le bras :

— Regarde, frère, me dit-elle, ce qui brille là-bas.

C'était la coupole de la cathédrale, sur laquelle flamboyaient les rayons du soleil.

Un instant après, du haut d'une colline, nous voyions la ville se dérouler devant nous dans toute son étendue, et un cri d'admiration s'échappait à la fois de mes lèvres et des lèvres de ma jeune compagne.

Notre enthousiasme se refroidit, quand nous nous acheminâmes à travers une double rangée de misérables cabanes dont se composait un des faubourgs. Mais voilà qu'au delà de cette triste avenue s'étend une vaste place remplie d'une quantité de boutiques en bois, animée par une multitude de gens de toute sorte. D'un côté, des marchands de chevaux de la Petite-Russie, courant de côté et d'autre, des Kalmoucks à la figure sauvage qui, d'un bond impétueux, s'élancent sur ces chevaux et les font galoper ; de l'autre, des charrettes qui ont apporté à la foire un amas de denrées rustiques, des ustensiles d'agriculture, des nattes, des souliers en écorce de bouleau, de la vaisselle, le tout entassé dans le plus pittoresque désordre. Ici des paysans qui se livrent à une joyeuse libation, là des jeunes filles en grande parure qui achètent des noix ou des pains d'épice, puis des enfants qui s'essayent à faire résonner quelque grossier instrument de musique, et de toutes parts des cris confus, une agitation et un mouvement indescriptibles,

Pour Mariette et pour moi, c'était un spectacle si nouveau, que nous nous serions volontiers arrêtés longtemps à le contempler. Mais la voiture nous entraîna devant une autre ligne de boutiques, puis enfin dans la principale rue de la ville. Là, c'est un autre tableau qui étonne nos regards ; ce sont des maisons comme nous n'en avons pas encore vu, de vastes maisons en pierres à plusieurs étages avec des balcons et des sculptures.

— Quel palais ! s'écrie Mariette en montrant à sa mère une large édifice avec un toit rouge et une façade peinte en vert. C'est sans doute l'habitation du gouverneur.

— Non, mon enfant, répond Eudoxie ; c'est la maison d'un marchand.

— Et celle-là devant laquelle sont des lions blancs avec des crinières d'or ?

— C'est aussi à un marchand.

— Et cette troisième qui est encore plus grande que les autres ?

— C'est également à un marchand.

— Des marchands ! toujours des marchands ! m'écriai-je avec impatience. Comment est donc construit le palais du gouverneur ?

— Il est en bois, me répondit en souriant mon tuteur.

J'avais vu une fois arriver le gouverneur dans notre village ; j'avais assisté à tous les préparatifs que l'on faisait pour le recevoir, et il m'était resté dans l'esprit une idée gigantesque de la suprême importance de ce personnage. Je me le représentais habitant un palais d'or et de marbre, et j'avais peine à croire mon tuteur, lorsque, me montrant une vieille maison en bois assez mal entretenue, il me dit :

— Voilà le palais du gouverneur.

Cependant nous traversons encore une grande place, et notre voiture s'arrête à la porte d'un autre édifice en bois peint en gris. C'est la demeure d'Alexis Andrevitch, le maréchal de la noblesse [1], le vieil ami de mon tuteur. C'est là que le bon Ivan Stepanovitch a son gîte assuré chaque fois qu'il est forcé de se rendre à la ville.

[1] Ce haut fonctionnaire est élu pour trois ans par la noblesse de sa province ; sa nomination est seulement soumise à la sanction de l'empereur. Il préside les assemblées de la noblesse ; il est chargé spécialement de maintenir dans son gouvernement la dignité de conduite et les prérogatives de la noblesse, de rappeler à ses devoirs le gentilhomme qui s'en écarterait, de défendre au besoin les paysans contre les rigueurs de leur propre maître, de surveiller les actes de tutelle, de protéger les droits des mineurs et des orphelins. Outre ce maréchal de la noblesse du gouvernement, il existe dans chaque district un fonctionnaire élu de la même façon, chargé en sous-ordre des mêmes attributions.

Alexis Andrevitch est un homme d'honneur et de cœur, très-consciencieux et très-zélé dans ses fonctions; un peu fier seulement de sa noblesse, de ses domaines, où il ne compte pas moins de deux mille paysans; de ses équipages de chasse et de son orchestre. Mais on lui pardonne aisément ces petites faiblesses quand on connaît ses excellentes qualités.

Toute la ville le chérit, à l'exception d'un autre riche propriétaire nommé Grégoire Ivanovitch. Ce Grégoire, jaloux de la fortune et de l'importance d'Alexis, n'aspire qu'à l'éclipser. Il donne des dîners pompeux, des soirées, des bals; il a même organisé dans sa maison un théâtre. Tout le monde vante le luxe de ses fêtes, et le talent de ses artistes; mais, quand vient le jour de l'élection, le pauvre Grégoire n'obtient que des boules noires, et Alexis Andrevitch est de nouveau élu maréchal de la noblesse.

Avant d'être promu à cette haute dignité, Alexis avait rempli les fonctions de vayvode dans une petite ville. Il se distinguait au milieu des hommes de ce temps par son amour pour l'étude et sa prédilection pour les livres d'histoire. Il avait lu Quinte-Curce, Flavius Joseph et Rollin, et quelques œuvres des philosophes anciens qu'il citait à tout propos. Il aimait à faire parade de son érudition, et quelquefois se trompait dans les souvenirs de ses lectures. Mais tous les gentilshommes qui le fréquentaient s'inclinaient avec un profond respect devant son savoir, à l'exception du gouverneur, qui était son beau-frère, et qui, malgré ce lien de parenté, engageait parfois avec lui de vives et embarrassantes altercations.

Ce gouverneur, qui avait passé la plus grande partie de sa vie au service militaire, était un homme sans instruction, bonhomme au fond, facile à tromper, mais faisant trembler par sa fureur tous les fonctionnaires, dès qu'il venait à découvrir une négligence ou une infidélité dans leur service. Sa sœur, qui avait épousé Alexis, était une douce et tendre femme très-assidue à tous les offices, très-charitable envers les pauvres, mais très-occupée des chroniques de la ville, faisant, à ses heures de loisir, de longues *patiences* et prédisant les mariages.

Nous fûmes reçus par Alexis Andrevitch dans un salon qui me frappa par son éclat. D'énormes lustres en cristal suspendus au plafond, de grandes glaces, des peintures à l'huile appendues aux murailles dans des cadres d'or, des chaises en bois d'acajou, des fauteuils et des canapés recouverts d'une étoffe brillante, tout cela me semblait un luxe fabuleux, à moi qui n'avais encore vu que la simple maison d'Ivan.

Le digne maréchal accueillit avec une joie cordiale mon tuteur, me donna d'un air affectueux une tape sur la joue, et embrassa amicalement Eudoxie et Mariette. Sur le canapé était assis un homme vêtu d'une large redingote, portant une étoile sur la poitrine. Mon tuteur le salua respectueusement en lui donnant le titre d'Excellence. C'était le gouverneur.

A peine les compliments d'usage avaient-ils été échangés de part et d'autre, que ce haut dignitaire reprenait avec notre hôte une de ses discussions habituelles interrompues par notre arrivée.

— Le sage Socrate, dit Alexis, exprimait un jour...

— Vous m'ennuyez avec votre Socrate ! s'écria le gouverneur. Qui était ce Socrate, dont vous répétez perpétuellement le nom ?

— Un citoyen d'Athènes.

— Un citoyen ! c'est-à-dire, ce que nous appelons, dans notre empire de Russie, un bourgeois ! Le beau titre ! J'aurais plus de confiance en son opinion s'il avait été gouverneur des bourgeois. Comment connaît-on la sagesse de ce Socrate ?

— Par les livres ! Mais, mon cher, vous n'aimez pas les ouvrages de science.

— Au diable vos ouvrages ! Vous m'en avez donné un, il y a trois jours, dont je ne puis pas même me rappeler le nom, et qui est insupportable.

Je n'entendis pas la fin de cette dispute qui commençait d'une façon si singulière. On me conduisit dans la chambre qui m'était destinée. Je devais m'habiller pour le dîner, et, après dîner, notre voiture fut attelée pour nous conduire de nouveau à la grande place du marché.

III

— La révélation. —

Je n'essayerai pas de raconter les émotions de curiosité, de surprise, de bonheur que j'éprouvai en retournant au milieu de cette foule d'acheteurs, de marchands, de promeneurs réunis dans la vaste arène de la foire, à travers cet assemblage de tentes, d'échoppes, qui me paraissaient contenir tous les trésors de la terre. Vingt ans après, j'ai vu dans cette même ville un vaste et splendide bazar, construit selon les règles de la plus élégante architecture, et j'ai regretté les grossiers échafaudages, les boutiques en bois et

en écorce de bouleau, dont l'étrange et pittoresque aspect m'avait tant frappé.

Pour ce jour solennel, mon tuteur avait mis à
ma disposition une vingtaine de roubles. Tandis
qu'il se dirigeait vers les boutiques de fourrures
pour acheter une pelisse, mes regards étaient fas-
cinés par les étalages d'objets de luxe et de fantaisie. J'allais de l'un à l'autre avec une naïve
admiration et la satisfaction de sentir sous ma
main mon trésor pécuniaire. « J'ai de l'argent ! »
me disais-je ; et, après m'être arrêté longtemps
çà et là, je finis par acheter un pot de pommade
et un jouet. Oui, et j'avais seize ans !

Mais autrefois, à seize ans, on n'avait pas la
prétention de passer pour un homme grave ; on
ne se posait pas en orateur ou en philosophe ; on
ne s'immisçait pas intrépidement dans de hautes
questions ; on s'inclinait avec respect devant l'o-
pinion des vieillards. Que si maintenant ma voix
pouvait être entendue de ceux qui, dès leurs premiers pas dans la vie, sont si pressés de renoncer aux innocentes joies du jeune âge, je leur
dirais :

—Prenez garde, ne vous hâtez donc pas d'ef-
feuiller si vite les fleurs de votre printemps !
Votre été viendra de lui-même assez tôt, et l'au-
tomne avec ses rameaux flétris, et l'hiver avec

son froid linceul. Conservez tant que vous le pourrez les douces joies, la candeur, les innocents prestiges de votre jeune âge. Plus tard, vous saurez comme on les regrette.

Ma puérile emplette ne m'avait enlevé qu'une partie de mes roubles; je résolus d'employer le reste à acheter un roman de Ducray-Duminil, *Jacques et Georgette*, dont un de nos voisins de campagne m'avait parlé comme d'une merveille. A quelques pas de moi se trouvait une boutique de libraire, mais elle était cernée par une telle quantité d'amateurs, que je ne pouvais y arriver. Enfin je parvins à pénétrer à travers une ligne de chalands qui, par le choix de leurs livres, indiquaient leur situation : le paysan voulait avoir un catéchisme, le marchand un traité d'arithmétique, le gentilhomme demandait à haute voix une œuvre d'Anne Radcliffe ou de l'abbé Prévost.

Je m'approchai du marchand et le priai de me faire voir le roman de Ducray-Duminil.

Il prit sur une tablette quatre volumes et me les remit.

— Combien?

— Dix roubles.

Dix roubles! Il ne m'en restait pas tant.

— Me permettrez-vous, dis-je au libraire, d'examiner cet ouvrage?

— Tant qu'il vous plaira.

Je m'assis sur un escabeau derrière une pile de livres, et me mis à parcourir le premier volume.

Un instant après, plusieurs femmes s'arrêtèrent à quatre pas de moi. J'entendais très-distinctement leur entretien, mais les livres derrière lesquels j'étais assis les dérobaient à mes regards. Très-occupé de ma lecture, je ne faisais d'abord aucune attention à leur dialogue, quand tout à coup l'une d'elles prononça le nom d'Eudoxie, puis celui de Mariette, et je me penchai de leur côté pour les écouter.

— Oui, disait celle qui venait d'éveiller si vivement ma curiosité, Mariette est jolie, mais c'est un enfant.

— Un enfant! reprit sa compagne; comme vous y allez! Elle est de ma taille, et doit avoir au moins quinze ans.

— Non, je ne crois pas qu'elle en ait plus de treize.

— Alors, pourquoi sa mère lui met-elle des chaînes d'or au cou, et la pare-t-elle comme si elle allait la fiancer?

— Le fiancé n'est pas difficile à trouver.

— Comment?

— Ah! Eudoxie, avec son air d'humilité, est assez habile.

— Que voulez-vous dire ?

— Vous savez que les Bieloserski élèvent dans leur maison un orphelin ?

— N'est-ce pas ce jeune homme que j'ai vu passer tout à l'heure avec eux.

— C'est lui-même.

— Il a une agréable figure.

— Et huit cents paysans.

— C'est une jolie fortune.

— La famille Bieloserski reste constamment à la campagne. Peu ou point de voisins. Le jeune héritier est là près de la jeune fille. Ils ont grandi ensemble, et...

— Je comprends... Ah! la prévoyante Eudoxie... huit cents paysans... ni père, ni mère; mais ce jeune homme est un très-beau parti! Je n'en demanderais pas un meilleur pour ma Catherine.

J'écoutais avec une sorte de ravissement inexprimable cet entretien.

— Dieu du ciel, me disais-je, pourrais-je donc épouser Marie?

Une autre femme prit la parole.

— Vous vous amusez là, dit-elle, à faire des suppositions qui n'ont pas le sens commun. Ne savez-vous donc pas que cet orphelin est très-proche parent des Bieloserski?

— Pardon, ma chère, répliqua celle qui avait annoncé mon futur mariage, son aïeul était seulement cousin germain d'Ivan Stepanovitch Bieloserski.

—Mais, alors, il n'y a ici qu'un degré de parenté très-éloigné.

— Tout aussi éloigné que celui qui existe entre votre fille Alexevna et son mari. Vous savez que, pour conclure ce mariage, il n'a pas été besoin de solliciter une dispense ?

— A merveille ! Ah ! vous avez raison, ces Bieloserski sont des gens prévoyants... Un beau jeune homme !... maître de sa fortune... et huit cents paysans !... Mais que faisons-nous ici ? Allons voir d'autres magasins.

Toutes trois s'éloignèrent. Je restai immobile à ma place dans une émotion de cœur si vive et si forte, que je me sentais près de pleurer.

— Mon Dieu ! mon Dieu ! me disais-je, est-ce possible ! Je ne suis donc pas, comme je le croyais, le frère de Mariette ! Je ne suis que son parent éloigné. Je puis donc l'épouser ; je ne serai pas condamné au malheur de me séparer d'elle, de la voir se marier avec un autre homme qui l'emmènerait peut-être au loin, et qu'elle aimerait mieux que moi. Non, non, personne ne pourra me l'enlever.

Et le présent, et le passé, et l'avenir se confondaient dans mon esprit avec cette image d'un bonheur inespéré, et mon cœur bondissait dans ma poitrine ; puis, tout à coup, je sentis un frisson glacial à l'idée que peut-être je ne devais pas m'abandonner à un tel rêve, qu'un autre obstacle insurmontable pouvait s'opposer à ma félicité.

Mes yeux erraient sur les volumes que je tenais entre mes mains, ne lisant rien, ne voyant rien.

Et au froid glacial qui m'avait un instant saisi succédait une ardeur fiévreuse qui m'enflammait le visage.

Enfin je me levai, et je remis le livre au libraire.

Au même instant, j'entendis résonner près de moi la voix argentine de Mariette.

— Ah ! te voilà enfin, me dit-elle ; nous te cherchons depuis une heure.

Elle me prit la main et voulut m'embrasser comme elle en avait l'habitude.

Je fis un pas en arrière.

— Qu'est-ce que cela signifie ? s'écria-telle avec surprise.

— Rien, Mariette, rien.

— Mais enfin pourquoi...?

— Tais-toi, lui dis-je à voix basse ; tu sauras tout.

— Eh bien, qu'y a-t-il donc? demanda Eudoxie. Pourquoi cette discussion?

— Je ne sais, ma mère, répondit Mariette; c'est mon frère qui...

— Tais-toi, au nom du ciel! lui répétai-je en lui serrant la main.

A ce moment, apparut mon tuteur avec deux propriétaires de notre voisinage.

— Voulez-vous, dit-il à sa femme, remonter en voiture avec Mariette et rentrer chez notre ami? Moi, je vais voir le marché aux chevaux, et, comme Alexandre, ajouta-t-il en me frappant sur l'épaule, est un amateur de chevaux, je l'emmène avec moi.

— Et comment reviendrez-vous? demanda Eudoxie.

— A pied.

— C'est un si long chemin!

— Ne vous inquiétez pas. Où sont vos gens? Georges! Philippe! allons, partez!

Nous restâmes un temps infini sur cette place où j'avais à regret accompagné mon tuteur. J'étais si impatient de rejoindre Mariette, que je ne pouvais me laisser distraire de mes préoccupations, ni par la vue des chevaux qu'on faisait galoper devant nous, ni par l'aspect d'une de ces légions de rusés bohémiens qui volent si habilement le bétail du paysan, transforment la couleur de l'animal qu'ils dérobent, et le vendent quelquefois comme un autre animal à celui-là même à qui ils l'ont enlevé.

Ivan Stepanovich n'ayant rien trouvé qui lui convînt dans cette vaste exhibition, reprenait, à ma grande joie, le chemin de notre demeure, quand nous rencontrâmes notre ami le maréchal, qui nous engagea à assister avec lui à une lutte entre deux bandes d'hommes du peuple. Il fallut encore me résigner à voir cette scène, qui, en ce moment, m'était odieuse.

Enfin nous voilà rentrés. Eudoxie s'est mise à jouer au piquet avec la femme de notre hôte. Mon tuteur commence une partie d'échecs avec Alexis Andrevitch. Mariette est assise près de la fenêtre. En me voyant venir, elle a détourné la tête et a pris un livre.

Je m'approche d'elle, non plus librement, gaiement comme naguère, mais avec une émotion que je ne puis comprendre. Je la regarde avec un sentiment tout nouveau ; il me semble qu'il y a dans ses yeux, dans ses traits, dans toute sa personne une beauté qui ne m'avait pas encore été révélée. Sa présence m'intimide ; je ne sais comment engager l'entretien, et enfin je lui demande en balbutiant quel livre elle lit.

— C'est un calendrier, me répond-elle sans lever les yeux sur moi.

— Une agréable occupation !

— En ce moment, je ne puis en avoir une autre !

Après un instant de silence, je repris la parole.

— Mariette, lui dis-je, tu es fâchée contre moi?

— Certainement. Pourquoi, quand je vous ai rencontré tantôt, n'avez-vous pas voulu m'embrasser ?

Vous... Étrange chose ! Avant l'entretien que j'avais entendu près de la boutique du libraire, ce *vous* m'aurait navré le cœur, et maintenant je ne sais pourquoi il me plaisait.

— Écoute, Mariette, repris-je, tu as tort d'être mécontente de moi. Nous ne pouvons plus ainsi nous embrasser ; nous ne sommes plus des enfants.

— Mais ne suis-je pas ta sœur ?

— Non.

— Ou tout au moins, ta plus proche parente, ta cousine germaine.

— Non, Mariette ; nous sommes à peine parents.

A cette réponse, je la vis tressaillir et pâlir.

Je lui pris la main, cette main était glacée...

— A peine parents ! murmura-t-elle d'une voix tremblante. Ah ! cher frère, tu as voulu m'effrayer par une plaisanterie ; mais cette plaisanterie est trop cruelle !

— Calme-toi, Mariette. De quoi t'inquiètes-tu ? Pense donc que, si je ne suis pas ton proche parent, je puis t'épouser !

Elle retira brusquement sa main de la mienne, et une rougeur de pourpre se répandit sur ses joues ; puis soudain, reprenant plus de fermeté :

— Pour cette fois, me dit-elle, il est clair que tu plaisantes ?

— Non, en vérité. Écoute !

Alors je lui racontai, dans les plus minutieux détails, la conversation que j'avais entendue. Elle écouta ce récit avec une extrême attention, et devint pensive.

— Non, non, s'écria-t-elle après quelques minutes de silence, cela n'est pas possible ; tu te seras trompé. Veux-tu que j'en parle à ma mère ?

— A quoi sert ? Si jusqu'à présent ta mère n'a pas voulu nous révéler la vérité, elle a eu, sans doute, pour agir ainsi, des motifs que nous ne connaissons pas, et si ces motifs subsistent encore, elle nous laissera dans la même erreur.

— Tu as peut-être raison. Mais qui donc étaient ces personnes que tu as entendues?

— Je t'ai déjà dit que j'étais assis derrière une pile de livres et que je n'ai pu les voir.

— Mais, elles, peut-être, elles t'auront vu et se seront amusées à tes dépens.

— Non, je suis sûr qu'elles ne pouvaient pas même se douter que je fusse là.

— N'as-tu pas pu au moins remarquer de quelle façon elles étaient habillées?

— Oui... il me semble... Je crois que l'une d'elles portait un bonnet avec des rubans roses et des fleurs bleues.

C'est Anna Lidina. Sa fille est mon amie. Par elle je saurai ce qu'en dit sa mère. Patience! patience, mon cher frère; il me semble qu'on s'est joué de vous.

La charmante Mariette, un instant bouleversée par ma révélation, avait repris son enjouement habituel.

— Ainsi, monsieur, me dit-elle, vous voudriez donc bien m'épouser?

Et elle rit d'un si bon rire!

Notre heureux entretien fut interrompu par le maréchal, qui nous rappela qu'il était temps de nous rendre à la maison de Grégoire Ivanovitch, où nous devions assister à une représentation théâtrale. Nous partîmes. C'était pour moi un supplice de plus à ajouter à ceux que j'avais déjà subis dans la journée.

Une longue suite d'appartements meublés avec une ridicule ostentation, une salle de spectacle à laquelle on arrivait par un étroit escalier où les invités se précipitèrent tellement, que le vice-gouverneur y laissa la moitié de son vêtement et qu'un conseiller faillit être écrasé : telles furent mes premières impressions dans la fastueuse demeure du riche Grégoire Ivanovitch. Je ne parvins pas sans peine à conquérir une place sur une banquette, entre un des plus grotesques petits-maîtres que j'aie jamais vus, et un gentilhomme campagnard d'une dimension effroyable, qui à chaque minute allongeait devant moi un bras monstrueux, une main hideuse, pour offrir une prise de tabac à mon autre voisin.

Le rideau était encore baissé. Il représentait, dans une enceinte de montagnes, dans un amas de nuages, une figure singulière, qui de loin ressemblait à une cigogne. Après l'avoir attentivement examinée, je reconnus que c'était un Apollon, debout sur un pied, une lyre à la main.

Quand ce rideau se leva, nous vîmes apparaître une prima-donna qui par ses cris et ses roulades m'a fait prendre à tout jamais en haine la musique italienne. Tel fut pour moi le résultat le plus positif de cette représentation.

Après le spectacle, nous descendîmes au salon où l'infatigable Grégoire avait préparé un bal. Je ne dansais pas ; je n'étais occupé que de Mariette. Je la suivais sans cesse du regard. Il me tardait de la voir s'entretenir avec sa jeune amie qui devait éclaircir complétement notre situation. Enfin, les voilà assises l'une à côté de l'autre. A l'expression de leurs regards, au mouvement de leurs lèvres, je cherche à deviner les paroles qu'elles s'adressent. Avec quelle impatience j'attends l'heure où je me retrouverai seul avec Mariette, où je pourrai lui demander ce que lui a dit son amie !

Dieu soit loué ! Voilà que sa mère s'approche d'Ivan Stepanovitch et lui témoigne le désir de retourner au logis. Dans un instant peut-être, Mariette pourra me faire ses confidences ! Mais non, mon tuteur nous annonce que nous partirons le lendemain de très-bonne heure pour notre habitation champêtre, et que nous n'avons que peu de temps à dormir.

Je me retire dans ma chambre, inquiet, tourmenté, et m'efforçant de comprimer mon agitation par l'espoir du lendemain.

Et l'aube a lui enfin après une nuit qui m'a paru interminable, et me voilà dans la voiture, assis à côté de celle que je nommais, il y a deux jours, ma sœur, que je voudrais à présent appeler ma fiancée. Mais, la cruelle Mariette ! elle ne me permet pas d'aborder la question à laquelle sont fixées toutes mes pensées ; elle échappe à toutes mes instances, et de temps à autre paraît plongée dans une profonde rêverie ; puis, lorsqu'elle croit que je ne l'observe pas, elle lève sa jolie tête, et me regarde à la dérobée.

Dès le moment où nous sommes rentrés dans notre demeure, elle est restée avec sa mère. Le soir seulement, je parviens à la saisir, je l'entraîne à l'écart.

— Eh bien ! lui dis-je, à présent, tu sais ce qu'il en est de notre parenté ?

Elle reste silencieuse comme si elle ne m'avait pas entendu ; d'une main distraite, elle effeuille un bouquet de fleurs.

— Mais réponds-moi donc, lui dis-je ; tu as parlé à ton amie.

— Oui, j'ai beaucoup causé avec elle. C'est une aimable jeune fille.

— Et elle sait par sa mère...?

— Quoi donc ?

— Mais notre degré de parenté.

— Ah! ah! Tiens, regarde la jolie fleur!

— Peu m'importe cette fleur. Je te demande ce que t'a dit ton amie?

— Ce qu'elle m'a dit?... Rien..

— Rien?... Oh! Mariette! Mariette!

— Voici ma mère. Il faut que j'aille la rejoindre.

— Chère sœur! tu ne veux pas me dire la vérité, et tu me fais bien mal.

Elle s'enfuit toute troublée. Pour la première fois de sa vie, elle me dissimulait une pensée.

IV

Deux années se sont rapidement écoulées, deux années d'un bonheur sans nuage. Mon amour pour Mariette n'est plus un mystère. Ma chère Mariette est ma fiancée. A la demande d'Ivan Stepanovitch, le gouverneur m'a fait inscrire au nombre des employés de sa chancellerie. Mais, dès que j'ai atteint mes dix-huit ans, mon tuteur exige qu'au lieu de rester dans notre province, j'aille, pendant trois ans, continuer mon service à Pétersbourg ou à Moscou, afin de voir le monde et d'apprendre à connaître les hommes.

— Vois-tu, mon cher Alexandre, me dit-il, tu es encore si jeune! Il faut mettre ton caractère à l'épreuve. Par malheur, je n'ai pu résister aux supplications de ma femme et aux larmes de ma fille. J'aurais voulu te voir entrer dans l'armée ; mais ces deux pauvres femmes ne peuvent pas même en entendre parler. C'est dommage! grand dommage! Pour un jeune homme, la discipline militaire est la meilleure des écoles. N'est-il pas vrai, mon vieux Conrad?

— Je ne sais, répondit l'ancien sergent d'un air embarrassé.

— Je ne sais! Que signifie cette réponse? Je te demande si un jeune homme ne se développe pas mieux au service militaire que dans une chancellerie?

— En vérité, repartit Conrad en tournant ses regards vers Eudoxie et Mariette, c'est là une de ces questions qu'un pauvre homme comme moi ne peut résoudre.

— Allons, dit mon tuteur en souriant, je vois qu'on t'a aussi endoctriné. N'as-tu pas honte de ne plus oser dire ce que tu penses? Un vieux soldat comme toi!... Enfin, puisque les maîtresses de la maison n'admettent pour toi, mon cher Alexandre, que le service civil, va pour le service civil. Après-demain, tu auras ton passe-port... Eh! quoi? encore des soupirs et des larmes !... Voyons, Eudoxie; voyons, Mariette... soyez donc raisonnables! Ne dirait-on pas qu'il s'agit d'une séparation éternelle?

— Mais, Ivan, murmure la bonne Eudoxie, permets-lui au moins de revenir ici avant trois ans !

— Non, je vous l'ai dit; il faut qu'il reste tout ce temps-là appliqué à ses fonctions.

— Du moins, repris-je, comme Moscou n'est pas loin d'ici, je pourrai de temps à autre venir vous voir.

— Non, mon ami, réplique Ivan ; c'est une affaire décidée. Tu passeras trois années entières sans voir ta fiancée. Je t'aime, et j'ai confiance en toi ; mais tu es encore un enfant, tu ne connais rien ni du monde ni de la vie, et, qui sait? peut-être que ton amour pour Mariette n'est qu'un enfantillage !

— Comment ! m'écriai-je, vous pouvez supposer...?

— Écoute, si tu l'aimes réellement, ces trois années n'altéreront pas ton amour. Si, au contraire, tu viens à découvrir que ton affection pour elle n'était qu'une habitude, ne vaut-il pas mieux faire cette découverte avant de te lier par un lien indissoluble? Dans le temps que tu vas passer loin de nous, tu sonderas la force de tes sentiments, et il est possible que tu trouves d'autres jeunes filles beaucoup plus belles et plus aimables que Mariette.

— Non ; c'est impossible ! Et trois ans ! songez donc...

— Ce ne sont pas trois siècles. Ils seront bientôt passés, et si après ces jours d'épreuves tu reviens à nous avec les mêmes sentiments que ceux qui t'animent à présent, avec quelle joie je te remettrai la main de Mariette ! avec quelle confiance je bénirai votre mariage! Mais, mon cher Alexandre, ajouta le noble vieillard en me serrant la main, souviens-toi de ce que je te vais dire : « Ne nous trompe pas, ne te trompe pas toi-même. Ne va pas t'imaginer que, par un principe de convenance ou par reconnaissance, tu es tenu d'épouser ma fille. Non, que Dieu te préserve d'une telle idée! Car, vois-tu, si tu faisais descendre au niveau d'une obligation le sentiment sacré de l'amour, si ce mariage devenait pour toi comme une de ces dettes impérieuses dont on veut au plus vite s'acquitter, én te mariant de la sorte, tu commettrais envers nous l'acte le plus cruel d'ingratitude. Sois donc juste envers nous, envers moi qui ai remplacé ton père, envers ma femme qui t'aime comme un fils, et envers la douce enfant que tu as si longtemps appelée ta sœur !

— J'aime à t'entendre parler ainsi, dit Eudoxie ; mais quand je pense à ce long et mortel délai de trois ans...

— La première année, reprit Ivan, nous irons en pèlerinage à Kieff ; la seconde, à Kasan, et, la troisième, nous l'attendrons.

Le jour de mon départ est arrivé. La voiture attelée est à la porte. Les ardents chevaux des steppes frappent du pied la terre ; le timonier secoue sa crinière avec impatience ; le cheval du brancard agite sa sonnette. Mon domestique Georges a fermé ma valise. Moi, je viens de prier avec Ivan, Eudoxie et Mariette.

Mon tuteur me remet une liasse de billets de banque et quelques lettres de recommandation ; Eudoxie, baignée de larmes, me donne sa bénédiction devant l'image de la sainte Vierge ; Mariette me noue au cou un médaillon qui, d'un côté, renferme une boucle de ses cheveux, et, de l'autre, porte cette inscription : Ne m'oubliez pas !

La pauvre Mariette ! Elle prend à tâche de cacher ses larmes pour ne pas augmenter la douleur de sa mère. A tout instant, elle sort du salon, et, quoiqu'elle en ferme la porte, j'entends ses sanglots, qui me déchirent le cœur.

Cependant il faut partir. Selon l'ancienne coutume, nous nous réunissons encore à l'angle de l'appartement où sont placées les saintes images, nous nous inclinons pieusement devant elles en faisant une prière mentale, puis nous franchissons le seuil de la porte.

— Adieu, Alexandre, me dit mon tuteur; écris-moi souvent. Conduis-toi de telle sorte que nous nous réjouissions d'entendre parler de toi, et n'oublie pas que, quel qu'il fût, un homme qui faillirait à l'honneur ne pourrait jamais être le mari de ma fille. Tu connais mes principes: pour moi, celui qui manque volontairement à sa parole, celui qui abuse de la confiance d'un ami, l'escroc qui triche au jeu, le misérable qui se vend pour de l'argent, le filou qui vous dérobe votre mouchoir en passant, n'est pas plus indigne que celui qui corrompt une jeune fille, ou enlève une femme à son mari. Beaucoup de gens, en m'entendant parler ainsi, riraient de mon rigorisme. Mais telles sont mes idées, et je n'en changerai pas. Adieu! Que le ciel te protége!

A ces mots, il me serra sur son cœur; puis

j'embrassai Eudoxie et Mariette qui s'efforçait de paraître calme, et je m'avançai vers la voiture.

— Eh quoi ! me dit Eudoxie, tu vas te mettre en route avec une cravate blanche ! Ote-là, je vais te donner un fichu de couleur.

Mais avant qu'elle eût dénoué ce fichu, Mariette détachait le sien de ses épaules et me le mettait au cou en m'arrosant de larmes.

— Allons, s'écria Ivan qui, en affectant de paraître ferme, était très-ému ; allons, postillon, prends tes rênes et pars ! A la grâce de Dieu !

Le postillon salue, fait claquer son fouet, et la voiture s'éloigne. « Adieu, adieu ! notre petit père Alexandre ! me crient de côté et d'autre les paysans rangés au bord du chemin ; bon voyage ! Que le Seigneur et ses saints vous protégent ! — Adieu, Georges ! » crient d'autres voix qui s'adressent à mon domestique. Et Georges agite sa casquette, et donne une dernière instruction à sa tante et à ses cousins.

Quelques instants après, le postillon descend de son siége pour remettre en ordre les traits des chevaux. Je tourne la tête en arrière ; déjà, je ne peux plus distinguer qu'à peine le faîte de la maison aimée. Mais au devant de cette maison, sur un monticule, je vois flotter une robe blanche : c'est Mariette qui est accourue là pour me saluer encore ; il me semble que le vent m'apporte ses tendres paroles. Je veux descendre de voiture, je veux courir près d'elle ; mais déjà le cocher a repris son fouet et ses rênes, les chevaux partent au galop, et je retombe, avec une profonde douleur, sur mon siége.

Pendant cette première journée de voyage, je suis resté au fond de ma voiture, absorbé dans mes regrets et mes souvenirs. Georges n'a pu me déterminer à descendre aux différentes stations où nous nous arrêtions, et m'a vainement proposé de prendre du thé ou de souper. Je ne pense qu'à Mariette ; je la vois sans cesse devant moi avec ses doux yeux bleus et ses boucles de cheveux ondoyants. J'entends sans cesse sa voix caressante vibrer à mon oreille.

Le lendemain pourtant, cette tendance unique de mon esprit s'amortit. Mes idées commencent à se tourner vers Moscou, vers cette ville dont on m'a fait une description si pompeuse, vers ces assemblées de sénateurs et de hauts personnages, devant lesquels, m'a-t-on dit, notre gouverneur lui-même s'incline avec respect. Puis une autre sensation me fait descendre de la sphère éthérée de mes rêves. La faim, plus éloquente que les raisonnements de Georges, me décide à m'arrêter au premier relais, et je me délecte à la vue des deux mets rustiques que le maître de poste me fait servir.

— Combien de verstes, lui dis-je, comptez-vous encore d'ici à Moscou ?

— Six cent vingt.

— Est-il possible ! Je n'aurais donc fait que cent verstes dans la journée d'hier ?

— Oui, répond Georges ; nous avons été obligés d'attendre des chevaux de poste à plusieurs stations. Vous dormiez et vous ne vous êtes pas aperçu de ce retard.

— Et vous serez obligé d'attendre encore ici peut-être plusieurs heures, dit le maître de poste, car tous nos chevaux sont en route.

— Je ne puis, répliquai-je avec impatience, rester un siècle sur le chemin de Moscou ; je prendrai des chevaux de louage. Allez m'en chercher !

Le maître de poste sortit.

— On vous trompe, me dit Georges. Je puis vous prouver qu'il y a plusieurs chevaux disponibles, et il veut, comme un brigand qu'il est, les faire payer à un haut prix, en jurant qu'il n'a pas pu les louer à meilleur marché.

J'étais trompé, en effet, mais je m'y résignai. Qui ne connaît, pour les avoir subies ou pour en avoir entendu parler, ces friponneries des maîtres de poste russes ? L'officier énergique, en menaçant de sa cravache ces rusés coquins, les force à lui amener les chevaux qu'ils essayaient de lui cacher. Le voyageur qui porte un titre élevé leur impose une obéissance servile ; *le voyageur riche* entre en négociation avec eux et leur paie parfois un tribut exorbitant ; *le voyageur qui ne porte qu'un humble titre* et n'a qu'une faible somme à sa disposition, est contraint de se soumettre à leur bon vouloir et d'attendre avec patience qu'il leur plaise d'avoir pitié de lui.

Mon grade de fonctionnaire était fort modeste, mais je ne ménageais pas l'argent, et le cinquième jour après mon départ j'arrivais à mon dernier relais.

— Six roubles pour toi, dis-je au postillon, si tu fais en deux heures les vingt-deux verstes que l'on compte encore d'ici à Moscou.

A cette éloquente parole, il frappa d'un vigoureux coup de fouet son attelage ; mais les pauvres chevaux étaient tellement faibles qu'ils ne pouvaient longtemps satisfaire au vœu de leur maître. Ils galopèrent un instant ; puis s'arrêtèrent, et je craignais de les voir s'affaisser sur le chemin.

Devant nous s'élevait une colline qu'ils ne pouvaient gravir que lentement, je descendis de voiture pour alléger leur labeur. A quelque distance de la grande route, au milieu d'un vaste jardin ombragé de beaux arbres, apparaissait une maison magnifiquement construite.

Pendant que je regarde avec curiosité cette habitation seigneuriale, une femme à cheval sort du parc qui touche au jardin. Elle a un costume à demi masculin qui d'abord m'avait trompé. Mais quel homme porterait avec tant de grâce un chapeau rond et quel homme aurait osé revêtir ce charmant spencer de velours noir que je vois encore ! En s'avançant vers la route où j'étais arrêtée, elle m'aperçut, nos regards se rencontrèrent ; le sien avait je ne sais quelle expression saisissante. Je lui fis un profond salut auquel elle répondit par un gracieux mouvement de tête, puis elle s'éloigna lentement, et avant de disparaître dans le bois, se retourna plusieurs fois de mon côté.

— Quelle charmante femme ! me dis-je, quels yeux ! C'est dommage qu'ils soient noirs. S'ils étaient bleus comme ceux de Mariette... mais non, il n'y a rien de comparable à Mariette...

Pourquoi donc s'est-elle retournée ainsi pour me voir ? Sans doute mon costume de voyage lui a semblé singulier ; je lui suis apparu comme un provincial.

Telle était alors ma simplicité. Je n'imaginais pas ce qui pouvait attirer de mon côté les regards de la jeune inconnue. Il faut vous le dire, pourtant, chers lecteurs, à cette époque j'étais très-beau, très-beau. On peut parler librement de ceux qui ne sont plus, et il y a longtemps que ma beauté et ma jeunesse ne sont plus.

Je remontai en voiture. Il me tardait d'arriver à Moscou, mais nos pauvres chevaux efflanqués ne marchent qu'avec une lenteur désespérante. Peu à peu, cependant, nous faisons encore huit verstes, nous approchons ; peu à peu je commence à distinguer quelques pointes de clochers, puis l'église de Saint-Serge et des coupoles dorées, et, tout à coup, du haut d'un léger monticule, mes regards éblouis contemplent la colossale cité dans toute son étendue.

La voilà la ville blanche, la mère, la nourrice de la sainte Russie, le sanctuaire des tzars orthodoxes, le berceau de Pierre le Grand ; la voilà cette couronne de la monarchie, cette source de toutes les gloires et de toute la puissance russes ; la voilà cette vitale et impérissable métropole. Plus d'une fois, elle a été ravagée, dévastée, et toujours elle s'est relevée de ses ruines plus belle et plus glorieuse que jamais.

Je contemple avec une sorte de recueillement l'église d'Ivan, le Kremlin, et me rappelle les vers de Pouschkin :

« Moscou ! A ce nom, que de pensées se pressent dans un cœur russe ! »

Mon cocher, à la vue de la sainte capitale, a ôté son chapeau et a fait le signe de la croix. J'imite son exemple.

Mais bientôt le magique panorama de Moscou m'est dérobé par les maisons du faubourg, dans lequel mes chevaux se traînent si péniblement, que, pour les soulager, je marche de nouveau à pied derrière ma voiture. Chemin faisant, j'aperçois un vieillard d'une figure intéressante, qui s'appuie sur un bâton et soulève avec peine sa jambe droite.

— Vous marchez difficilement ? lui dis-je.

— Oui, me répond-il en me saluant avec grâce, et, il y a quelques heures, j'étais, ma foi ! malgré mon âge, aussi alerte que vous.

— Que vous est-il arrivé ?

— J'ai fait une sottise ; j'ai voulu sauter un

ravin, et le pied m'a tourné. Peut-être ne sera-ce rien.

— Mais comment retournerez-vous à votre demeure?

— Avec de la patience, j'espère y arriver; ma maison d'ailleurs n'est pas loin d'ici.

— Voulez-vous que je vous y conduise?

— Ce serait une grande bonté de votre part, d'autant qu'en ce moment ma souffrance est plus vive.

Georges et moi nous l'aidâmes à monter en voiture, et je me mis à côté de lui.

— Merci, me dit-il, je me sens beaucoup mieux. Mais cela m'apprendra à ne plus gambader comme un enfant. Je suis à un âge où il n'est plus permis de se livrer à de telles folies. J'ai soixante et dix ans.

— Est-il possible? A vous voir, personne ne le croirait.

— Oui, monsieur, soixante et dix ans. Dans la guerre de Prusse, j'étais officier, et j'ai assisté à la prise de Memel [1].

La voix du vieillard était douce à entendre, et toute sa physionomie, ses grands yeux bleus qui exprimaient la franchise et la bonté; son

---

[1] Les Russes prirent Memel en 1757.

sourire affectueux, son front calme, tout, jusqu'à ses cheveux blancs, éveillait en moi une
profonde sympathie.

— Vous venez de loin, me dit-il quand nous
nous arrêtâmes devant la porte de la barrière où
Georges faisait enregistrer mon passe-port. Oui,
oui, ajouta-t-il, quand je lui eus dit à quelle
province j'appartenais, une jolie distance... sept
cent verstes au moins! Et s'il m'est permis
de vous le demander, comptez-vous séjourner à
Moscou?

— Je dois y passer quelque temps au service.

— A merveille! Il est bon qu'un jeune
homme comme vous ait une tâche à remplir.
Vous allez probablement demeurer chez quelque
parent ou quelque ami?

— J'ai une lettre de recommandation pour
M. Dnieprowski.

— Alexis Dnieprowski?

— Précisément. Vous le connaissez?

— Très-bien, sa maison est dans un quartier
éloigné. Je doute que vos chevaux fatigués puis-
sent vous y conduire. Mais, attendez, oui, je
me rappelle, il est retourné il y a quelques
semaines à la campagne, et, si je ne me trompe,
il a dû partir ces jours-ci pour se rendre aux
eaux en Allemagne.

— Est-ce qu'il serait malade?

— Non, pas lui; mais sa femme.

— Quel malheur ! Puisqu'il en est ainsi, j'irai loger à l'auberge.

— Vous n'avez pas d'autres connaissances?

— J'ai bien encore quelques lettres de recommandation... mais je ne sais quel peut en être le résultat.

— En ce cas, prenez un appartement en ville. Un long séjour à l'auberge est dangereux pour un jeune homme qui n'a pas encore l'expérience de ce monde. Croyez-moi, et, dès que vous le pourrez, tâchez de vous rapprocher de quelques amis de votre père.

— Je n'ai plus ni père, ni mère!

— Pauvre garçon! murmura le vieillard; et quel âge avez-vous?

— Dix-huit ans.

— Pauvre garçon! répéta-t-il, en me prenant la main.

— Allez! cria le sous-officier qui venait d'examiner mon passe-port.

La barrière s'ouvrit; j'entrai dans l'enceinte de Moscou.

V

— Où faut-il vous conduire? me demanda le postillon, quand la voiture roula sur le pavé.

— Dans une auberge, répondis-je.

— Dans laquelle? Il y en a une quantité.

— Dans la meilleure.

Nous cheminons pas à pas jusqu'auprès du couvent de Saint-André; puis soudain, voilà les chevaux, épuisés de fatigue, qui s'arrêtent. Le postillon crie, s'emporte, frappe sur eux à grands coups de fouet. Impossible de les faire avancer.

— Pas tant de colère, lui dit doucement le vieillard. Dieu veut que nous ayons aussi de la pitié pour les animaux. A quoi sert de battre ainsi ces pauvres bêtes? Tu vois bien qu'elles ne peuvent plus marcher.

— C'est vrai, répond d'un air dolent le cocher. Mais, j'y pense, il y a près d'ici un établissement que je connais, et où je pourrai avoir d'autres chevaux. Si vous voulez m'accorder un instant, je vais les chercher.

— Et moi, me dit le vieillard, je ne suis qu'à quelques pas de ma demeure. Voulez-vous entrer chez moi un instant, au lieu de rester dans la rue?

J'accepte sa proposition. Je confie la voiture à Georges et donne le bras à mon ami inconnu, qui marche plus librement que lorsque je l'ai rencontré.

Nous arrivons devant une jolie maison en bois, avec des contrevents verts, et nous traversons une cour ombragée par les rameaux d'un pommier, de deux ou trois peupliers, et de quelques lilas. Du vestibule, nous entrons dans une chambre très-simplement meublée, mais d'un aspect agréable. Aux murailles sont appendus des rayons chargés de livres.

Du premier coup d'œil, je vois que ce sont

pour la plupart des livres religieux. A l'un des angles de cette chambre, sont rangés divers objets en bois façonnés par un habile tourneur; à l'autre est l'armoire des images devant laquelle une lampe est allumée. Entre deux fenêtres, apparaît le portrait d'un général russe décoré d'un grand cordon bleu. Dans le fond, par la porte entr'ouverte, je vois une autre chambre parée de quelques meubles en bois, et d'un *pupitre* au-dessus duquel s'élève un grand crucifix.

— Quelle quantité de livres vous avez ! dis-je au vieillard en m'asseyant à côté de lui sur un canapé.

— Oui, voilà trente ans que j'en achète, et j'en ai réuni plus d'un millier.

— C'est un bonheur de posséder une telle bibliothèque.

— Ah ! sans doute, si l'on n'en fait pas un vain objet de parade. Il y a des gens qui disent que les livres sont un capital mort. Quelle erreur ! c'est au contraire le capital le plus fructueux, tandis que l'argent dont on ne fait pas un sage emploi est réellement le plus souvent un capital mort. Vous aimez la lecture?

— A la folie.

Le vieillard sourit.

— Il ne faut rien aimer à la folie, me répond-il, surtout pas les livres, qui peuvent être assurément nos plus fidèles amis, mais aussi nos ennemis, car il en est qui troublent l'esprit et égarent la raison.

— Oserai-je vous demander quel est le personnage représenté par ce portrait?

— C'est mon ancien commandant, le feld-maréchal Roumianzof.

— Un grand homme [1]!

— Oui, vous avez raison, un grand homme et un noble cœur. J'ai, comme je vous l'ai dit, servi sous ses ordres. Un jour, dans l'étourderie de ma jeunesse, j'avais encouru par une faute grave toute la rigueur des lois militaires; Roumianzof eut pitié de mon inexpérience; il fut ému surtout en apprenant que mes parents n'avaient pas un autre fils que moi; il me fit grâce, et d'un ton paternel me donna de sages conseils que je n'ai jamais oubliés.

En disant ces mots, le vieillard regardait,

1 L'un des hommes, en effet, les plus éminents de la Russie. Ce fut lui qui, en 1759, dans la guerre de sept ans, remporta à Kunesdorf une éclatante victoire sur Frédéric le Grand; ce fut lui qui, en 1770, mit en déroute une armée de 20,000 Turcs, puis l'armée du grand vizir et celle du kan de Crimée; ce fut lui qui, après ces prodigieux succès, obligea, en 1774, les Turcs à signer le traité de paix de Kutschuk-Kaïnardji.

avec une expression de reconnaissance, le portrait de son général. Je restai près d'une heure
avec ce digne homme dont la simplicité d'âme et
la bonté de cœur se révélaient à moi de plus en
plus. J'appris qu'il s'appelait Jacques Sergevitch,
qu'il avait le titre de colonel, et vivait de la
pension militaire conquise en de longues années
de service.

A mon tour, je lui dis qui j'étais, quels
étaient mes projets, mes espérances. Je lui con-
fiai mon amour pour Mariette, et ne lui dissi-
mulai pas que j'avais sur moi plusieurs milliers
de roubles.

— Ah! s'écria-t-il, prenez garde de faire de
mauvaises connaissances. Vous êtes franc, ou-
vert, vous êtes riche, et qui plus est, vous avez
envie de dépenser votre argent. A présent que
je connais mieux votre situation, je redouterais
de vous voir vous installer dans un hôtel. A
Moscou, comme dans toutes les grandes villes, il
y a une quantité d'individus qui n'ont ni état, ni
patrimoine, qui ne cherchent que des dupes, et
ne vivent que du bien des autres. Ce ne serait
encore qu'un demi-mal, si de tels misérables
épuisaient en peu de temps vos billets de banque;
ce qu'il y a de plus redoutable, c'est qu'ils vous
entraînent dans de perfides réunions, qu'ils vous

donnent de funestes habitudes, et peu à peu étouffent, dans leurs dépravations, la voix de votre conscience. J'ai un ancien ami qui a, je crois, en ce moment, un petit appartement à louer dans sa maison. Si vous le voulez, je vais lui écrire et le prier de vous recevoir. C'est un vieillard qui vit seul, dans une honnête retraite, avec sa femme. Je suis sûr que, quand vous les connaîtrez tous deux, vous les aimerez. Leur demeure est, du reste, dans un très-agréable quartier.

J'acceptai avec empressement sa bienveillante proposition, puis je le quittai pour me rendre à la maison qu'il m'avait indiquée, promettant de revenir souvent le voir.

Chemin faisant, Georges me raconte qu'il s'est entretenu avec le domestique du colonel.

— C'est un excellent homme, me dit-il, mais à moitié fou.

— Comment donc ?

— Oui, il a fait des actes d'extravagance que personne ne pourrait croire. A leur mort, ses parents lui laissaient un assez joli domaine, environ deux cents paysans. Imaginez ce qu'il en a fait ? Il l'a donné à son frère et à sa sœur. « Ils ont des enfants, disait-il ; moi, je suis seul, et quand je serai vieux, ils prendront soin de moi. » Et son frère et sa sœur jouissent à présent de ses revenus, tandis que lui n'a pour subsister que sa petite pension. D'abord ils lui ont envoyé des provisions, puis, lorsqu'ils ont su que le colonel employait ses sacs de grains et de légumes à faire des aumônes, ils ne se sont pas crus obligés de subvenir plus longtemps à une telle prodigalité. Quel homme !

En ce moment, je n'écoutais pas les sentencieuses remarques de mon philosophique valet. J'étais absorbé par le spectacle qui, peu à peu, se déroulait devant moi. Ici la *Krasnaïa Plotchoad* (la belle place), avec l'échafaudage devant lequel s'arrêtent les processions, là le Kremlin, ce témoin de toutes les gloires et de toutes les souffrances de nos aïeux, et la cathédrale d'Ivan Véliki, et le palais des anciens tzars.

Je vais de rue en rue, de quartier en quartier, regardant de côté et d'autre, avec une avide curiosité et un élan continuel d'enthousiasme, ce spectacle si nouveau pour moi, ces constructions gigantesques, ce mouvement, ces merveilles de la vieille capitale russe, de l'auguste cité que nous appelons la sainte Moscou.

J'arrive dans le riant quartier que l'on nomme la ville blanche, la *Biéloï Gorod,* et n'ai pas de peine à découvrir la maison de Pravikof, le marchand que le vieux colonel m'a recommandé.

Il m'a reçu de la façon la plus gracieuse et m'a mis en possession de trois jolies chambres dont l'aspect me charme. Ce marchand et sa femme sont bien tels que Sergevitch me les avait représentés. J'ai vécu heureusement près d'eux, et n'ai point songé à les quitter jusqu'au jour où j'en vins à faire la fatale rencontre qui faillit renverser l'édifice de ma félicité.

Quand j'arrivai à Moscou, Alexis Dnieprowski, pour lequel j'avais une affectueuse lettre, était parti avec sa femme pour l'Allemagne. D'autres lettres de mon tuteur me mirent en rapport avec plusieurs honorables fonctionnaires. Pendant une année je vécus cependant d'une vie assez retirée. Chaque jour, je me rendais exactement à mon bureau; le soir, je restais dans mon appartement ou j'allais au théâtre. La seconde année, je me laissai peu à peu entraîner dans un cercle de jeunes gens qui par leur naissance appartenaient à la meilleure société, mais qui par leur manière de vivre et leurs principes auraient mortellement effrayé mon honnête tuteur.

Une société grossière et dissolue ne pouvait être dangereuse pour moi. Les habitudes vulgaires, la nudité du vice me révoltaient. Mais je me laissais séduire par le vice caché sous des formes élégantes, par l'immoralité éclatant en vifs traits d'esprit. J'aurais eu honte de tremper mes lèvres à la boisson frelatée des gens du peuple, mais j'en venais à distinguer très-bien les qualités du vin de Champagne et du vin de Bordeaux. En me promenant le soir sur le boulevard, je ne m'arrêtais point à regarder sous leurs chapeaux les jeunes filles qui passaient à côté de moi, mais, quoique j'aimasse encore Mariette de tout cœur, je commençais à songer que la fidélité n'était point la vertu de l'homme. Si je m'arrêtai sur la pente périlleuse où je descendais rapidement, je suis redevable de mon salut en partie aux saines idées que mon éducation m'avait gravées dans le cœur, en partie aux sages conseils du colonel, que le tourbillon dans lequel je m'étais jeté ne m'empêchait pas d'aller voir assez fréquemment.

Ici je dois transcrire une lettre dont la date se rapporte à celle de mon arrivée à Moscou. Cette lettre me fut remise quelques mois après mon installation dans la vieille capitale. Comment était-elle tombée entre les mains de celui qui me la transmit? Je ne sais. Mais il était bien dans le cas de l'avoir enlevée par surprise ou dérobée dans un tiroir.

Quoi qu'il en soit, la voici :

« Hélas ! Lisa, Lisa, ma chère amie, qu'as-tu fait ? Tu ne voulais pas admettre mes pressentiments ; tu disais que c'étaient des chimères, des folies !... Écoute. Te rappelles-tu qu'il y a deux ans, dans une de nos solitaires promenades, je te racontais un rêve que je venais de faire. Tu riais quand je t'affirmais que je croyais à la réalité de l'idéal de mon âme ; que cet être idéal m'était apparu en songe, que, d'une voix enchanteresse, il m'avait dit : « Nadina, nous nous retrouverons dans le monde. » Tu te raillais de moi, quand je te dépeignais ses beaux grands yeux bleus, et ses boucles de cheveux ondoyants. Tu m'appelais une folle rêveuse, et lorsque Dnieprowski m'offrit sa main, tu fus la première à encourager ses prétentions. Ni la volonté de mon père, ni les vœux de mes parents n'auraient pu me déterminer à cette union, mais je ne pouvais résister aux représentations de ton amitié.

» — Eh quoi ! me disais-tu, est-il possible que tu refuses d'épouser un homme aimable, riche, qui t'aime sincèrement ? Et pourquoi ? Pour une vision, pour un être fantastique, dont la fabuleuse image a passé dans un de tes songes, et qui, sans doute, n'existe pas, et que jamais tu ne rencontreras. Jamais! mon Dieu. Oh! Lisa, mon amie, cet être fantastique, je l'ai vu, oui, de mes yeux éveillés je l'ai vu. Qui est-il? Où allait-il? Le reverrai-je? Je ne sais. Mais il vit celui que j'ai rêvé, et je crois que je le retrouverai.

» Je t'ai dit souvent que mon cœur était tranquille, et tu t'en réjouissais... Tranquille! hélas! les morts seuls sont tranquilles. Hier, j'ai de nouveau senti en moi les palpitations de la vie. Mon mari, obligé d'aller voir un de ses voisins, m'engagea à faire une promenade à cheval. La matinée était superbe, et cependant je ne sais pourquoi, je résistais à sa proposition; j'avais comme un pressentiment du danger qui me menaçait. Cependant, je me décide, je monte à cheval et je sortais du parc, quand je vois une kibitka cheminant sur la grand'route, et près de cette voiture un jeune homme en costume de voyage. Il m'aperçoit, il s'arrête. Nos regards se rencontrent... Juste ciel! c'était lui! C'étaient ces traits qui m'avaient déjà fascinée, ces yeux étincelants, ce sourire magique... Je le contemplai dans une sorte de ravissement. Il me sembla qu'il allait me parler, mais je m'éloignai, et de nouveau la vision merveilleuse avait disparu... Oh! Lisa, j'en suis sûre... lui aussi me cherchait. Il est libre, sans doute! Et moi!...

» Adieu! Nous partons demain pour l'Allemagne. Depuis hier, mon esprit est resté fixé à cette apparition. Je vais rêver partout à ce voyageur; et si je le revois, et si je l'entends, n'oublierai-je pas que j'appartiens à un autre?... Non, non, crois-moi, ta Nadina peut être malheureuse, mais elle ne sera jamais coupable.

» *P.-S.* Connais-tu le délicieux écrit de Karamsin : *L'Ile de Bornholm?* Quel style! quelle justesse de sentiments! Lis cette nouvelle; elle pénétrera dans ta superbe froideur.

» Les lois condamnent mon amour, mais qui pourrait, ô mon cœur, s'opposer à toi?

» Que cela est vrai, cher Karamsin! »

VI

— La partie de campagne. —

Un jour, je faisais une promenade d'agrément dans un joli village des environs de Moscou, avec quatre de mes amis. Le premier était le prince Vladimir Dvinskoï, Moscovite de naissance, à demi Français par l'éducation, spirituel, railleur, sceptique, mais un homme de très-bon ton. Le second était un docteur de l'université de Dorpat, nommé Von Neigof, d'une nature bizarre, hypocondriaque, imprégné du mysticisme de Swedenborg, passionné pour tous les rêves des alchimistes, des astrologues, pour toutes les fables de sorcellerie, et notamment pour le génie de Cagliostro. Le troisième était le capitaine André Vosnitznin, esprit peu cultivé, cœur franc, honnête, excellent garçon. Le quatrième, Basile Zakamskoï, avait beaucoup voyagé et acquis dans ses voyages une très-remarquable instruction.

Après avoir visité les plus belles régions de l'Europe, il revenait avec joie dans son pays natal, et se sentait heureux d'y vivre.

Le temps était superbe, le déjeuner préparé dans un frais vallon, à l'ombre d'un massif de sapins, et nous étions tous dans une de ces heureuses dispositions d'esprit, où chacun s'abandonne librement à sa fantaisie, en s'associant à un capricieux entretien.

Neigof avait allumé sa pipe et s'absorbait dans une de ses méditations. Le prince, au contraire, était très-animé.

— Zakamskoï, dit-il, devine qui j'ai rencontré hier ?

— Comment veux-tu que je devine ? Tu connais tout Moscou.

— Ah ! quelle charmante créature ! elle a demandé de tes nouvelles ; elle paraît s'intéresser à toi. Tu iras sans doute la voir ?

— C'est possible, si tu me dis quelle est cette aimable personue.

— Devine. Il y a deux ans que tu ne l'as vue; toi et moi, nous l'avons connue à Vienne; elle s'appelle Nadina. Y es-tu, à présent?

— Nadina Dnieprowska?

— Elle-même.

— La voilà donc revenue de son voyage?

— Il y a un mois environ. Te rappelles-tucet Anglais qui, à Carlsbad, devint si follement amoureux d'elle?

— Comment l'oublier?

— Te rappelles-tu avec quel galanterie il venait chaque matin lui offrir un bouquet?

— Qu'elle remettait chaque fois devant lui à son mari.

— Le pauvre John Bull! Il a failli en mourir de chagrin.

— Mais il me semble, prince, que tu étais aussi fort épris de cette fière beauté?

— Oui. Pendant quelque temps, pendant deux semaines, je lui ai fait une cour assidue. Puis, nous avons eu une explication...

— Et elle s'est avouée vaincue?

— Non, mon cher Zakamskoï, elle m'a offert son amitié.

— Pauvre garçon!

— Ah! ce fut un triste moment.

— Et tu n'es pas entré en fureur, et tu ne l'as point effrayée par la violence d'un amant désespéré?

— *Pas si bête, mon cher* [1]. Je n'ai point l'habitude de m'abandonner à d'inutiles chagrins.

— Enfin, tu as donc trouvé une femme, qui, en troublant ta raison, est restée fidèle à son mari?

— A son mari? Tu es dans l'erreur.

— Le fait devient plus grave. Tu connais donc ton rival?

— Non. Je sais seulement que Nadina a une passion secrète... Pour qui? C'est ce que je n'ai pu deviner. Mais n'importe, c'est une ravissante femme, si vive, si gracieuse, si charmante! A Carlsbad, personne ne pouvait croire qu'elle fût Russe.

— Permettez, dis-je. Est-ce de la femme d'Alexis Dnieprowski que vous parlez?

— Oui. Tu la connais?

— Mon tuteur m'a donné une lettre de recommandation pour Alexis.

— Tu pourras maintenant la lui présenter.

— A quoi sert? Cette lettre date déjà de

______
[1] En français dans le texte.

deux années, et je ne me soucie pas de faire de nouvelles connaissances.

— Eh bien, Neigof, s'écria Zakamskoï, tu ne dis rien, tu es absorbé dans la contemplation du paysage?

— Oui, répondit le docteur en secouant la cendre de sa pipe ; j'aime à voir dans leur verte vieillesse les œuvres de la nature. Ces témoins silencieux du passé réveillent en moi le souvenir des jours qui ne sont plus. A leur aspect ma pensée se détourne du siècle où nous vivons, de ce siècle funeste où le matérialisme et l'incrédulité ont anéanti toute la noble, sainte, merveilleuse poésie d'un autre temps.

Le docteur était sur la pente de ses rêves. La moindre impulsion suffisait pour le lancer dans ses régions fantastiques. Aiguillonné par les questions insidieuses et par les remarques sarcastiques du prince, il en vint bientôt à développer, avec l'accent de la plus sincère conviction et de l'enthousiasme, ses légendes de sorcellerie et d'enchantement, ses idées sur les prodiges du magnétisme. Puis, comme le prince le surexcitait encore par ses sourires ironiques, il nous déclara qu'il était lui-même un des confidents, un des héritiers d'un des maîtres de la science cabalistique, de Cagliostro. Il avait rencontré

par hasard Cagliostro à Rome, et peu à peu s'é-
tait lié avec lui si intimement, que le jour
même où l'illustre magicien fut arrêté par les
sbires et conduit au fort Saint-Ange, il lui avait
révélé en quelques mots un de ses secrets les plus
incroyables.

— Grâce à ce secret, dit le prince avec son
ton railleur, tu peux sans doute changer en or
les métaux grossiers.

— Non, répondit gravement le docteur, la
révélation de Cagliostro me donne un pouvoir
plus terrible, le pouvoir d'évoquer les esprits.

— En vérité? reprit le prince; et as-tu déjà
usé de cette suprême puissance?

— Non.

— Pourquoi donc? m'écriai-je avec surprise.

— Parce qu'en me confiant son secret, Cagliostro lui-même m'a dit combien il était dangereux de s'en servir, et parce que je ne puis
oublier que ce grand homme est mort misérable-
ment dans les cachots du château Saint-Ange.

— Que nous importe la mort de Cagliostro?
Allons, mon cher Neigof, sois gentil, fais-nous
voir le diable.

— Que dis-tu, prince? s'écria Vosnitznin.
Quoi! tu oserais... tu ne crains pas...?

— Qui? le diable! Pas le moins du monde.

— Comment voulez-vous, reprit le docteur, que les questions sardoniques et les épigrammes avaient vivement blessé, comment voulez-vous que notre ami ait peur du diable? Il ne croit à rien, et déjà lui appartient.

— S'il en est ainsi, pourquoi ne veux-tu pas nous procurer l'agrément de le voir?

Neigof ralluma sa pipe en silence et se retira du côté du bois.

— Quel original! dit Zakamskoï.

— Original! répliqua le prince, tu es bien honnête. Il est fou.

Je n'entendis pas la réponse de Zakamskoï; j'allais du côté du bois chercher le docteur.

— Écoute, lui dis-je, lorsque nous fûmes à quelque distance de nos compagnons, tu m'as fait plus d'une fois des protestations d'amitié. Donne-moi à présent une preuve de ton affection.

Neigof me regarda d'un air inquiet et secoua la tête.

— Tu devines, lui dis-je, ce que je veux te demander.

— C'est possible. Parle!

— Découvre-moi ton secret.

— Quelle idée?

— Je veux savoir qui de toi ou du prince est dans le vrai.

— Et tu voudrais faire l'essai d'un tel pouvoir?

— Pourquoi pas ? A ta place, il y a longtemps que je l'aurais fait.

— Mon cher Alexandre, me dit le docteur après un instant de silence, je ne veux pas te tromper. Je puis te transmettre ce formidable héritage de Cagliostro, et, je te l'avoue, j'ai déjà plus d'une fois désiré trouver un homme qui m'enlevât ce lourd fardeau. Mais sais-tu à quoi tu t'exposes en acquérant ce secret?

— A quoi donc?

— Regarde ! Je suis jeune encore, et je ressemble à un vieillard. Ce n'est pas une maladie, ce ne sont pas les années qui ont blanchi mes cheveux, et creusé ces rides sur mon front. Ce sont les souffrances de l'âme. Tu t'imagines peut-être, à me voir si grave et si sombre, que c'est là mon caractère naturel, que j'ai toujours été ainsi. Non ! il fut un temps où j'avais aussi l'humeur joyeuse, la vie riante, le sommeil paisible. Mais depuis que ce fatal secret m'a été communiqué, je n'ai pas joui d'une heure de repos. La nuit, le jour, il agite ma pensée, il oppresse ma conscience, et, à tout instant, je crois entendre une voix menaçante, une voix diabolique qui me reproche d'avoir voulu obtenir ce pouvoir surhumain et de n'en pas faire usage.

Tandis que le docteur parlait ainsi, ses yeux flamboyaient, et l'expression de la souffrance, de l'effroi, de l'horreur se manifestait alternativement dans tous les traits de son visage.

Chose étrange, l'idée ne me vint pas que le pauvre Neigof était le jouet d'une hallucination. Je croyais à ses récits, et au lieu de me laisser dissuader de ma demande par ses remontrances, je renouvelai plus vivement mes instances. Il est des personnes qui ne peuvent regarder la surface aplanie d'un ruiseau ou d'un lac sans éprouver une sorte de désir irrésistible de se jeter à l'eau. J'éprouvais en ce moment le même vertige; je voyais le danger, et voulais m'y précipiter.

Vaincu enfin par ma persistance et par mes prières, le docteur consentit à me révéler son magique mystère. D'une de ses larges poches, il tira un crayon, du papier, écrivit quelques mots, puis me dit :

— Il faut que, le matin de bonne heure, tu te rendes dans un cimetière abandonné, où depuis longtemps on n'a célébré aucun office religieux. Là, tu traceras deux cercles. Dans l'un de ces deux cercles tu brûleras ce papier, dans l'autre tu feras comparaître l'esprit. Mais si tu ne veux pas être subjugué, terrassé par lui, garde-toi bien de sortir de ton cercle, tant que la cloche de quelque église n'aura pas sonné la messe. Avant de t'abandonner à ta fatale curiosité, réfléchis encore, mon cher Alexandre... Pense donc... Mais non, la voix impitoyable qui résonne au dedans de moi ne me permet pas de te donner un autre avertissement... Adieu !...

A ces mots, il se précipita vers son drowski, prit les rênes de son cheval et s'éloigna rapidement.

Je rejoignis mes compagnons qui discutaient encore sur les excentricités de cet élève de Cagliostro. Un instant après, nous retournions ensemble à Moscou. Mes amis allaient au théâtre. Moi je rentrai dans ma demeure solitaire. Je passai toute la soirée à rêver, et la nuit je ne pus dormir. Je n'étais cependant nullement effrayé de mon entreprise. Le désir de savoir à quoi m'en tenir sur les récits de Neigof l'emportait sur toute idée de péril. Je me disais, en outre, qu'il était bien possible que toute cette histoire d'évocation d'esprit ne fût qu'un acte de charlatanisme de Cagliostro, une invention par laquelle il avait fasciné la crédulité du docteur.

Pour accomplir mon projet, la difficulté était seulement de trouver, selon les termes de mon programme, un cimetière abandonné, où l'on n'eût pas depuis longtemps prononcé une prière chrétienne. L'aube commençait à poindre, et je n'avais pas encore fermé les yeux. Pour m'assoupir, j'eus recours à un dictionnaire biographique qui se trouvait sur ma table. Je prends un volume, je l'ouvre par hasard à l'article Tavernier, et je lis : L'illustre voyageur revint à Moscou et y mourut au mois de juillet 1689...

Alors je me rappelai qu'un jour, en me parlant de cet homme célèbre, Zakamskoï m'avait dit : Probablement il a été enseveli près d'un petit bois de Marninoï où était autrefois le cimetière des étrangers.

Voilà mon affaire. Ce cimetière est complétement abandonné. L'herbe à présent recouvre les fosses qui y furent creusées, et sur ses pierres tumulaires les gens du peuple de Moscou vont aux jours de fête préparer leur festin. Je me lève, je fais atteler mon drowski et me mets en route. A quelque distance du bois, j'ordonne à mon cocher de s'arrêter et de m'attendre, puis je m'achemine vers le lieu qu'une lecture fortuite m'a révélé. Arrivé là, je regarde de côté et d'autre, avec je ne sais quelle émotion qui me donne une sorte de frisson , peut-être est-ce l'effet de l'air frais du matin qui pénètre sous mes vêtements trop légers.

Le soleil ne paraît pas encore à l'horizon, mais le ciel est clair et sans nuages. Au loin, je distingue les murailles grises d'un cabaret, et le faîte de quelques maisons s'élevant au haut des arbres touffus. Mais tout repose encore dans un profond silence. A une longue distance seulement, j'aperçois un paysan qui va labourer ses sillons. En ce moment, la cloche d'une église répand dans les airs ses sons religieux.

Je me découvre la tête, je fais le signe de la croix, et un souvenir de l'Évangile s'éveille dans mon âme : « Ne tente pas le Seigneur ton Dieu. » Mais cette pieuse émotion ne dure qu'un instant. Je suis de nouveau dominé par la curiosité et par le désir de me prouver que j'ai du caractère.

Je m'avance au milieu de l'ancien cimetière morne et silencieux comme à minuit, éclairé par un pâle crépuscule qui ressemble à la lueur mélancolique de la lune. Après avoir tracé mes deux cercles, j'allume aisément quelques branches sèches, j'y fais brûler mon papier cabalistique, et je me retire dans l'autre cercle pour attendre l'effet de ma conjuration. Les flammes de mon bûcher réveillent dans leurs nids les oiseaux du bois qui s'envolent en sifflant. Mais une corneille reste perchée sur l'arbre au pied duquel je me suis placé, et par ses cris lugubres produit sur moi une douloureuse impression.

Une demi-heure s'écoule. Nul esprit n'apparaît. Une demi-heure encore. Le soleil darde ses rayons sur la campagne, les rameaux des bois se balancent au souffle de la brise. Le cabaret vient de s'ouvrir, ses habitants déjà recommencent leur journée, et quelques paysans s'avancent du côté de la forêt avec leurs charrettes. Mais dans le cercle où j'ai fait brûler mon talisman, je ne vois rien surgir. Ah ! le maudit docteur, j'ai été sa dupe. Mais il ne sera pas dit qu'il se sera joué impunément de ma simplicité !

Au moment où je profère ces paroles, avec un accent d'indignation, en sortant de mon cercle trompeur, j'entends derrière moi une voix qui me dit en français: « Voudriez-vous être assez bon pour m'indiquer de quel côté je dois aller, afin de rejoindre la grande route. » Je me retourne. A deux pas de moi est un homme d'une trentaine d'années, élégamment vêtu. A cette subite apparition, je reste interdit. L'étranger me répète sa question en russe.

— La grande route, lui dis-je enfin, est tout

près d'ici ; je vais moi-même reprendre ma voiture à la barrière, et s'il vous plaît de venir avec moi...

— Très-volontiers.

Nous cheminons l'un à côté de l'autre en silence. Je regarde mon nouveau compagnon, et j'éprouve, en le regardant, la plus étrange des impressions. Il me semble que sous son chapeau à la mode, il doit avoir des cornes, et que ses bottes vernies doivent cacher un pied de bouc. La longue figure maigre de cet homme, son nez d'aigle, sa bouche démesurément fendue, ses yeux étincelants n'étaient pas de nature à séduire ceux qui le voyaient pour la première fois ; mais il avait une voix d'une douceur et d'une harmonie charmantes.

— Il me semble, lui dis-je pour renouer l'entretien, que je n'ai pas encore eu l'honneur de vous rencontrer ?

— Je ne suis, me répondit-il, que depuis trois jours à Moscou et j'y connais fort peu de monde. On m'avait tant vanté les environs de cette ville ; que j'ai voulu les voir. A chacun son goût, le mien est de parcourir les campagnes, d'errer dans les bois à l'heure où personne ne s'y promène. Je suis sorti ce matin de très-bonne heure pour faire une de mes courses vagabondes, et j'ai été bien surpris quand je vous ai aperçu.

Il prononça ces derniers mots avec un sourire diabolique qui me fit tressaillir. Quelle honte pour moi, me dis-je, s'il a vu ce que je faisais !

— Il m'a paru, reprit-il, que vous étiez très-occupé des anciennes pierres sépulcrales qui gisent près de ce bois.

— Oui, je cherchais à y déchiffrer quelques inscriptions.

— Et vous n'avez sans doute pas admiré l'éloquence de ceux qui les ont composées. J'ai lu aussi quelques-unes de ces épitaphes ; elles sont toutes aussi sottes les unes que les autres. Mais nous voici sur la route dont je ne pouvais retrouver la direction. Ma voiture m'attend aussi à la barrière. Voulez-vous que nous continuions encore notre promenade à pied ?

— Excusez-moi, lui dis-je avec un désir indéfinissable de le quitter au plus vite ; il faut que je retourne à Moscou.

Il sourit et s'arrête. Je fais signe à mon cocher d'avancer. Mais à peine était-il monté sur son siége, que voilà ses chevaux qui se cabrent, s'emportent, cassent leurs traits, renversent mon drowski, et tout est brisé. Des paysans accourent ; on relève mon cocher qui heureusement n'est pas blessé ; on arrête les chevaux. Je voulais envoyer chercher une voiture de louage ; mais l'étranger me presse si instamment d'accepter une place dans la sienne que je ne puis refuser. Je monte dans une élégante calèche de Vienne, attelée de chevaux superbes, et nous courons rapidement vers la ville.

Chemin faisant, j'apprends que mon inconnu s'appelle le baron Broken, qu'il a fait deux fois le tour du monde, et parcouru toute l'Europe. La passion des voyages l'a porté à étudier la langue des différents pays qu'il a visités ; il parle le russe parfaitement, et dit que de tous les idiomes qu'il a étudiés, c'est celui-là qui lui plaît le plus.

Soit qu'il me touche le cœur par cet éloge de ma langue maternelle, ou soit qu'à mon insu je me laisse peu à peu séduire par la grâce de ses manières, le fait est que, dans le cours de notre trajet, les préventions que j'avais d'abord conçues contre lui se sont complétement évanouies. Arrivé à ma porte, je l'invite à entrer pour prendre avec moi une tasse de thé.

— Comptez-vous rester longtemps à Moscou ? lui dis-je en m'asseyant à côté de lui sur un canapé.

— Je ne sais, me répondit-il. Si cette ville me plaît, j'y séjournerai peut-être plusieurs mois, peut-être un an, sinon je la quitterai très-prochainement. Jusqu'à présent, il n'y a que Paris qui ait pu me retenir deux années de suite, et j'y serais resté plus longtemps encore, sans les ennuyeuses idées d'ordre du nouveau gouvernement qui a mis fin au très-amusant spectacle de la révolution.

Je le regardai avec une sorte de stupéfaction en écoutant ces étranges paroles. Il n'en était qu'à son début ; sans s'étonner de ma surprise ou sans la remarquer, il se mit à me raconter les horribles condamnations, les massacres, les atrocités du temps de la Terreur, en riant et en plaisantant, comme s'il faisait la description d'un bal ou l'analyse de quelques bouffonnes pièces de théâtre.

Le sentiment de répulsion que j'avais éprouvé à notre rencontre près du bois, me saisit de nouveau à cet incroyable récit. Plus d'une fois en l'écoutant, je levai la main pour faire sur ma poitrine le signe de la croix. Grand Dieu ! me disais-je, est-il possible que ce soit là un être humain ? Non, il n'y a qu'un fils de Satan qui puisse narrer si gaiement tant de scènes épouvantables ! Il n'y a que l'esprit des ténèbres qui puisse se complaire dans les souvenirs de ces horreurs!

Le baron s'aperçut de l'impression qu'il produisait sur moi, car, tout à coup, me prenant la main en souriant :

— Rassurez-vous, me dit-il, je n'ai été ni l'ami de Robespierre, ni celui de Marat, et je ne suis pas si mauvais que vous le pensez probablement en ce moment. Mais j'ai beaucoup vu le monde, j'ai soulevé une quantité de masques, j'ai pénétré le secret d'une foule de passions, et au lieu de m'apitoyer sur les vices et les misères de l'humanité, j'en suis venu peu à peu à en rire comme Démocrite... Cependant, parlons d'autre chose. Vous n'aimez, je le vois, ni la politique ni la philosophie; je ne voudrais pas vous ennuyer, et, à vrai dire, je ne les aime pas plus que vous. L'année dernière, j'ai rencontré à Carlsbad une de vos compatriotes qui doit être à présent à Moscou, et que peut-être vous connaissez. A Carlsbad, on ne l'appelait que la belle Russe, la belle Nadina, et son mari, qui n'est pas beau, s'appelle Alexis Dnieprowski.

— Oui, tous deux sont maintenant à Moscou, mais je ne les connais pas.

— Il faut que vous fassiez connaissance avec eux. Je suis sûr que vous trouverez leur maison très-agréable. La femme est adorable, et le mari aussi bonhomme qu'un sot peut l'être. D'ailleurs très-hospitalier, donnant des dîners superbes, et toujours le grand ami de ceux qui font la cour à sa femme.

— J'ai pour lui une lettre de recommandation.

— A merveille. Allez le voir... ou plutôt j'irai moi-même lui faire aujourd'hui une visite, et je vous annoncerai. Puis demain, si vous le permettez, je vous y conduirai.

— Mais je ne sais si une lettre qui date de si loin!...

— Qu'importe cette lettre? Votre extérieur est la meilleure des recommandations. Voulez-vous venir déjeuner demain avec moi à une heure? Nous boirons une bouteille ou deux de vin de Champagne et nous irons chez le baron. C'est convenu, n'est-ce pas? Adieu ! A demain.

VII

Le lendemain, à l'heure dite, j'arrivais à la maison que le baron m'avait indiquée.

— Quelle aimable exactitude ! s'écria-t-il en s'avançant à ma rencontre. Mais je suis exact aussi ; le déjeuner est prêt ; et vous me direz ce que vous pensez du vin de Champagne qu'on va vous servir : je n'en ai jamais trouvé un pareil à Paris. Honneur à Moscou ! Il suffit, pour y bien vivre, d'avoir de l'argent.

En savourant son vin de Champagne qui, en

effet, était très-bon, mais un peu capiteux, le baron me dit :

— J'ai été, comme je vous l'avais annoncé, voir Dnieprowski. Lui et sa femme vous attendent ce soir. Il vous recevra avec son extrême politesse et ses compliments habituels. Quant à sa femme, je ne sais si vous serez aussi satisfait de son accueil. Elle est souvent très-triste. De tous ceux qui la connaissent, son mari est le seul qui ne devine pas la cause de son secret chagrin, et il éclaterait de rire si quelqu'un lui disait : « Elle aime, et ce n'est pas vous qu'elle aime ! »

— Pourquoi donc croyez-vous qu'elle garde dans le cœur...?

— Parce qu'elle est romanesque, sentimentale, et qu'une femme qui a ces deux attributs doit nécessairement aimer. Or, comme son mari n'est nullement aimable, ses rêves se sont portés vers un autre. C'est la chose du monde la plus simple et la plus naturelle. Cependant peut-être la belle Nadina n'aime-t-elle pas encore ; peut-être sa mélancolie ne lui vient-elle que des aspirations confuses, des vagues désirs d'un cœur qui n'est pas suffisamment rempli, et peut-être, ajouta le baron en souriant, êtes-vous destiné à lui donner une nouvelle existence.

Je rougis.

— Oh! oh! s'écria le baron, voilà un attrait de plus que je ne vous connaissais pas. Vous vivez dans le grand monde, vous avez vingt ans, vous êtes un charmant garçon, et vous rougissez comme une jeune fille... Prends garde, Dnieprowski!

— Il n'a rien à craindre, baron, et ce n'est pas moi qui essaierai de faire la cour à une femme mariée. Je suis fiancé; j'aime ma fiancée, et quoique nous vivions éloignés l'un de l'autre...

A ces mots, Broken éclata de rire.

— Vraiment! vraiment! s'écria-t-il, vous aimez ainsi? Ah! je vous en prie, enseignez-moi dans quelle partie du globe se trouve l'heureux coin de terre où l'on garde ces vertus patriarcales! Quoi! vous êtes loin de votre fiancée, et vous n'osez pas... Oh! candide Joseph!

— Mais je ne puis appartenir à une autre femme.

— Les verbes aimer et appartenir ne sont nullement synonymes. On aime celle-ci, on appartient à celle-là.

— Eh quoi! vous pensez qu'on peut ainsi partager son cœur?

— Il ne s'agit pas du cœur. Laissez le cœur

aux femmes; les hommes ne doivent avoir que de la tête.

— Ainsi, selon vous, la constance...

— Allons... à présent, la constance! C'était bon pour les chevaliers d'autrefois; mais le temps des Amadis est passé. Que ceux-là se vantent de leur constance qui n'ont jamais pu trouver le moyen d'être inconstants, soit! Mais vous, mon cher Alexandre, pensez-vous que la nature vous ait si richement doté pour que vous consacriez exclusivement votre amour à une seule femme? Quelle erreur! Vous devez aimer toutes les femmes qui vous plaisent. Peut-être vous imaginez-vous que celle qui a compté sur votre fidélité mourra de douleur, se voyant trompée. Rassurez-vous, mon cher; les femmes ne meurent pas pour de telles déceptions. Celles-là seules continuent à se lamenter qui ne trouvent pas de consolateurs.

Rien n'agit plus vivement sur l'imagination d'un jeune homme que ces sophismes qui, dans un entretien affectueux, se développent sous le voile de la plaisanterie avec une apparence de vérité. C'est comme une boisson qui nous est offerte d'une main galante, dans une coupe d'or, une boisson fatale qu'on nous fait prendre goutte à goutte, pour que nous n'en sentions pas tout d'un coup l'amertume. Si mon nouvel ami m'avait, d'un ton dogmatique, manifesté sans ménagement ses principes, il m'aurait révolté. Mais, par son ton léger, par ses comparaisons subtiles, par ses expressions caustiques, il séduisait mon esprit. J'avais devant moi le serpent, mais le serpent caché sous les fleurs. J'étais jeune et léger; mon âme pourtant avait conservé son innocence. Le vice ne s'y était point introduit. Je respectais les femmes, et ne croyais point aux maximes du baron. Cependant, je n'osais le contredire, et de peur de prendre à ses yeux l'attitude d'un pédant, non-seulement je n'engageai point une discussion avec lui, mais je l'écoutai avec un sourire d'approbation.

Je restai deux heures avec lui. Pendant ces deux heures, il ne cessa de parler. Il courait d'un sujet à l'autre, et de plus en plus me dévoilait l'arsenal de sa philosophie. Enhardi par mon silence, il m'exprimait plus nettement ses idées, il frappait de ses épigrammes toutes mes croyances juvéniles, dépeignait avec enthousiasme les nouvelles tendances de l'humanité, et infligeait le nom de ridicules préjugés à des sentiments que j'avais appris à considérer comme des sentiments sacrés. De temps à autre, dans le cours de cette dissertation, je voyais se lever la tête du serpent ; mais le baron avait un si doux organe, et son langage était tour à tour si gracieux ou si spirituel, que, peu à peu, je me laissai complétement subjuguer.

De retour chez moi, j'oubliai que la poste partait le lendemain pour ma province, et je n'écrivis pas à Mariette.

A huit heures du soir, Broken vint me prendre pour me conduire dans la maison où il désirait si vivement m'introduire.

— Que je suis charmé de votre visite ! me dit Dnieprowski en s'avançant dans son salon, de l'air le plus cordial, à ma rencontre. Je vais vous présenter à ma femme, et j'espère que nous vous verrons souvent. Je dîne assez fréquemment au club anglais, mais ma femme est toujours à la maison.

Je regardais avec un sentiment de gratitude cet homme qui m'accueillait si affectueusement. Il avait environ cinquante ans. Son extérieur était agréable, et rien, dans ses paroles ni dans ses manières, n'indiquait la sottise que lui attribuait le baron. Quelques minutes après, je vis apparaître une jeune femme, vêtue simplement, mais avec un goût exquis.

— Voici ma femme, me dit Dnieprowski.

Je m'avançai vers elle pour lui baiser la main,

selon l'usage de mon temps, quand je fus arrêté par cette exclamation du mari, qui jetait sur sa femme un regard effaré.

—Qu'avez-vous donc, ma chère amie? s'écria-t-il; asseyez-vous, asseyez-vous !

— Ce n'est rien, balbutia Nadina en s'efforçant de sourire.

— Vous êtes devenue tout à coup si pâle ! Est-ce que vous vous trouveriez mal ?

— Ce n'est rien, répéta-t-elle en s'asseyant dans un fauteuil. Cela va passer... C'est probablement le bal d'hier qui m'a fatiguée... Mais ne vous inquiétez pas; je suis déjà mieux.

— Dieu soit loué ! voilà que vos couleurs reviennent. Comme vous m'avez fait peur !

La jeune femme m'invita à m'asseoir près d'elle, et engagea elle-même la conversation par ces phrases de convention, par ces lieux communs auxquels on a recours dans une première entrevue. Elle me parlait des voyages qu'elle venait de faire, du climat de l'Italie et des lacs de la Suisse, des paysages de la *belle France* et des théâtres de Paris. Tandis qu'elle me faisait ces récits, je l'observais avec attention, et il me semblait que ce visage charmant, ces yeux noirs, ces cheveux ondoyants ne m'étaient point inconnus. Tout à coup un souvenir plus précis s'éveilla dans ma pensée, et je l'interrompis brusquement au milieu d'une de ses poétiques digressions.

— Est-ce que vous n'avez pas, lui dis-je, une campagne non loin de Moscou?

— Oui, me répondit-elle, le château de Vladimir, qui est près de la grand'route, à vingt verstes d'ici.

— Et vous montez à cheval?

A cette question qui succédait si vite à la première, Nadina rougit, et d'une voix timide me répondit :

— Il y a environ trois ans, je montais souvent à cheval.

— Ainsi, m'écriai-je, c'était vous !

Elle rougit de nouveau, et il y avait dans ses yeux un tel rayon de joie, que si j'avais eu plus d'expérience du monde, j'aurais pu dire : Elle est heureuse d'apprendre que je l'ai reconnue.

— Ma chère amie, dit Dnieprowski en s'approchant d'elle, la comtesse Marie Sergievna.

Nadina se leva pour recevoir une femme fort laide et habillée avec une ridicule prétention.

Je rejoignis le baron qui se tenait à quelque distance.

— Ce matin, me dit-il à voix basse, je vous

annonçais que vous pourriez bien raviver le cœur
de Nadina. Ce n'était qu'une vague supposition...
A présent !... Heureux homme que vous êtes !...
dès la première rencontre... dès le premier regard...

— Arrêtez , baron. Vous vous faites des
idées !...

— Pardon ! J'étais derrière vous ; j'ai tout
observé et tout entendu. C'ept à présent que je
puis justement dire : « Pauvre Dnieprowsky,
prends garde à toi !... » Au reste, il n'aura que
ce qu'il mérite.

— Mais vous oubliez... ?

— Quoi ? que vous êtes fiancé ? C'est une
plaisanterie. Regardez donc cette femme ; peut-on
rien voir au monde de pareil ?

En ce moment, deux de mes amis, le prince
Dvinskoï et Zakamskoï, entraient au salon. Nadina accueillit avec une froideur marquée les
compliments du prince, et se montra beaucoup
plus courtoise envers son compagnon.

— Je viens de voir ma cousine, dit le prince;
je l'ai décidée à se rendre l'été prochain aux eaux.
Elle ne voulait pas céder aux conseils de son
médecin. Mais je lui ai démontré que les eaux
de Carlsbad produisaient des merveilles, et je
vous ai citée pour exemple.

— Moi ! De quelle merveille suis-je donc redevable aux eaux de Carlsbad ?

— Vous y êtes allée très-belle et vous en revenez plus belle encore.

Nadina sourit.

Connaissez-vous ce sourire écrasant, ce sourire qu'on ne peut laisser impuni quand il nous vient d'un homme et dont on ne peut pas demander raison lorsqu'il tombe des lèvres d'une femme ?

Le prince opiniâtre ne voulut pas le remarquer.

— Je vous jure, reprit-il, que c'est l'exacte vérité. Vous êtes revenue d'Allemagne plus belle que jamais, et si vous refusez de me croire...

— Comment ne vous croirais-je pas ? répliqua d'un ton dédaigneux Nadina ; voilà trois fois que vous me répétez la même chose.

— Il y a des choses, madame, qu'on ne peut assez répéter [1], repartit le prince en cherchant à cacher son embarras.

Par bonheur, il aperçut en ce moment le baron, qu'il avait connu à Paris, et se précipita vers lui.

[1] En français dans le texte.

— Eh quoi ! s'écria-t-il, vous ici, Broken ?
Est-il possible?

— Oui, prince, c'est moi.

— On m'avait dit que vous étiez mort à Paris.

— Sur l'échafaud ?

— Précisément. Un de mes amis prétendait
vous avoir vu au moment même...

— Où l'on me coupait la tête.

— Oui, le jour où Robespierre et Saint-Just
furent traînés au supplice; et il ajoutait que vous
aviez harangué le peuple.

— Je ne me rappelle pas toutes ces particu-
larités.

— C'est donc une invention?

— Non, c'est la vérité.

— Comment! la vérité ?

— Oui, j'ai été guillotiné; mais un habile
médecin m'a remis la tête sur les épaules.

— Allons, je vois que vous êtes toujours le
même railleur.

— Je suis toujours, prince, le même homme
poli. Plutôt que de vous démontrer que votre
ami a menti, j'aime mieux mentir moi-même.

— Quel original ! murmura Dnieprowski.

Cependant d'autres personnes étaient entrées
dans le salon, et plusieurs parties de jeu furent
organisées. Je refusai de m'associer à un grave

piquet pour me rapprocher de Nadina, près de laquelle se réunirent aussi le baron, le prince et Zakamskoï.

— J'espère, me dit Nadina, que nous vous verrons souvent. Je suis presque constamment chez moi, et si vous n'êtes pas effrayé de la société d'une femme souffrante !...

— D'une femme, s'écria le prince, qui d'un regard peut donner ou retirer la vie.

— Dites-moi, reprit Nadina sans daigner répondre à ce compliment, vous êtes donc installé à Moscou ?

— J'y suis depuis près de trois ans ; mais bientôt je retournerai dans mes domaines.

— Eh quoi ! vous songez à nous quitter ?

— Que faire ? J'ai des engagements.

— Des engagements !...

Notre entretien fut interrompu par un vénérable gentilhomme de province, ami de Zakamskoï, puis par l'entrée de mon bon vieux colonel.

— Dieu soit loué ! s'écria-t-il après avoir salué la maîtresse de la maison ; vous voilà donc, ingrat ! ajouta-t-il en me prenant la main ; comme vous m'avez oublié !

Je m'excusai de mon mieux.

Le baron, après une de ses longues dissertations politiques, était sorti, prétextant un violent mal de tête. Le prince, ayant en vain cherché quelque élément de sarcasme dans la grave physionomie et dans la digne tenue du colonel, se retira d'un autre côté. Le gentilhomme campagnard et Zakamskoï se mirent à causer avec mon vieil ami. Je me rapprochai de Nadina.

— Il y a longtemps, me dit-elle, que vous connaissez le colonel?

— Depuis mon arrivée à Moscou.

— C'est assurément un homme très-honorable. Mon mari l'aime beaucoup, et moi j'ai une grande estime pour lui; mais il est si sévère dans ses jugements, si rigoureux quand il parle de nos passions et de nos défauts, et, à ses yeux, les plus petites faiblesses sont de graves défauts; il exige de nous, pauvres femmes, une telle perfection, qu'il me fait peur.

— Vous m'étonnez; il m'a toujours paru si bon et si indulgent !

— Non. Il est, au contraire, d'une extrême rigidité. Mais, je le comprends, lorsque l'homme arrive à la vieillesse, lorsque le feu des passions s'éteint en lui, n'est-il pas naturel qu'il en vienne à cette rigidité de principes? Comme il ne sent plus battre son cœur, il s'imagine que ce cœur peut être aisément assujetti à la raison. Si les vieilles gens voulaient se souvenir des émotions de leur jeunesse, ils auraient plus d'indulgence, mais ces graves moralistes ont perdu la mémoire..... A propos..... puisqu'il est question de mémoire, savez-vous que vous n'avez pas lieu de vous glorifier de la vôtre? Vous aviez oublié qu'il y a trois ans, je vous rencontrai.

— Sur la grand'route de Moscou, madame, Comment pouvez-vous croire que je l'aurais oublié?

Elle me regarda avec une suavité d'expression qui lui donnait encore une nouvelle beauté.

— Moi, dit-elle, je vous ai reconnu au premier aspect, tandis que vous...

— Ah! je vous ai bien vite reconnue aussi... soyez-en sûre.

Je mentais, moi, qui n'avais jamais menti. Mais j'avais vingt ans, et Nadina était si belle!

— Eh bien, mon cher Alexandre, me dit le colonel qui venait de s'approcher de nous, quelles nouvelles avez-vous de votre village? Comment va votre fiancée?

— Votre fiancée! murmura Nadina.

— Ah! vous ne saviez donc pas, reprit le colonel, que mon jeune ami.....

— Bonjour, mon cher Jacques Sergevitch, s'écria Dnieprowski qui venait de finir sa partie.

Que je suis content de te revoir ! Que dis-tu de Nadina?... Les eaux, tu le vois, lui ont été très-salutaires... Mais quoi ! la voilà qui pâlit et se trouve encore mal !... Ah ! pauvre enfant ! c'est la seconde fois aujourd'hui.

— Non, ce n'est rien. C'est fini.

— Dieu soit loué !... Ces maudits bals ! quelle fatigue il en résulte ! Voyons maintenant, mon cher Sergevitch, dis-moi un peu ce que tu as fait en notre absence ; mais viens dans une autre pièce, nous aurons plus d'air.

Tous deux s'éloignèrent.

— Vous êtes donc fiancé ? me dit Nadina. Oserai-je vous demander avec qui ?

— Avec Marie Biéloserska.

— La fille de votre tuteur. Je croyais que ce n'était encore qu'une enfant.

— Elle a plus de seize ans.

— C'est sans doute un mariage de conve-nance ?

— Et d'amour, voulais-je ajouter. Mais je ne sais comment il se fit que je ne pus prononcer ce mot.

— Cela doit être, poursuivit Nadina ; à votre âge on ne se marie guère que pour des raisons de famille... Quelquefois cependant la passion peut y entrer. Vous aimez cette jeune fille ?

— J'ai été, dès mon enfance, élevé avec elle.

— Ce n'est pas ce que je vous demande. Vous aimez votre fiancée?

— Comme une sœur.

En prononçant ces mots, je m'efforçais de ne pas rougir. C'était un second mensonge à joindre au premier, et j'en étais confus et affligé.

Heureusement ce soir-là je ne devais pas être soumis à une nouvelle épreuve. Toutes les parties de jeu étaient finies. On allait servir le souper, je sortis et je rentrai chez moi.

VIII

Le lendemain, je m'éveillai avec un remords de conscience que j'essayai d'apaiser par mes raisonnements. « Pourquoi donc, me disais-je, faudrait-il déclarer à tout le monde que j'aime Mariette? Il suffit que je l'aime du fond du cœur, et je l'aime réellement, et mille Nadina ne pourraient me séparer d'elle... Cependant quels yeux ravissants que les yeux de Nadina, quels sourires et quelle grâce!... Si ce que le baron m'a raconté était vrai?... si elle éprouvait pour moi...? Mais non, c'est impossible... Et si pourtant c'était vrai?... Non, que Dieu m'en garde!... Et pour plus de sûreté, je ne retournerai pas chez elle ou je n'y retournerai qu'une ou deux fois avant mon départ. »

J'en étais là de mes réflexions quand le baron entra.

— Que vous est-il donc arrivé hier soir? lui dis-je.

— Rien... Une subite mais passagère indisposition. Et vous, comment avez-vous passé la nuit? Je suppose que vous aurez plus d'une fois revu en songe la ravissante image que vous aviez contemplée le soir.

— Non, en vérité.

— Est-ce croyable? Dans quelques mois, je ne serais pas surpris qu'elle disparût de vos rêves nocturnes; mais à présent, aux premières pages d'un si doux roman...!

— Quelle raison avez-vous de supposer...?

— Quelle raison? Mais demandez-le à ce pauvre prince que vous avez anéanti. Si pourtant vous ne voyez pas Nadina en songe, voulez-vous dîner aujourd'hui avec elle?

— Non, je vous remercie.

— Eh bien, demain ou après?

— Non, cela ne se peut.

— Quand donc?

— Je ne sais. Peut-être pas avant quinze jours.

— Voilà une réponse. Dites-moi, Alexandre, lorsque, dans votre pays, un jeune homme a le bonheur de plaire à une très-aimable femme, est-ce l'usage que ce ne soit pas à lui, mais à elle, à chercher l'occasion d'une entrevue ?

— Vous plaisantez, baron !

— En vérité ! il faut donc vous donner une preuve palpable de mes convictions ? Tenez, ajouta-t-il en me remettant la lettre que j'ai transcrite dans la première partie de mon récit, connaissez-vous cette écriture ?

— Non.

— C'est une lettre de Nadina. Lisez-la ; vous verrez si je me trompe.

— Eh bien, reprit-il lorsque j'eus achevé cette lecture, qu'en dites-vous ?

— Rien. Si c'est l'écriture de madame Dnieprowska, il n'est point prouvé par là que cet être idéal...

— Qu'elle a rencontré, il y a trois ans, sur la grand'route... Ne vous a-t-elle pas hier parlé elle-même de cette rencontre ?

— C'est possible. Mais nous sommes loin du jour où elle a manifesté cette impression, et maintenant elle peut avoir de tout autres sentiments.

— Oui, répliqua le baron avec un sourire sardonique, si elle a failli s'évanouir en vous apercevant dans son salon, c'est sans doute une preuve que vous lui êtes fort indifférent. Si pendant toute la soirée, elle n'a cessé de vous regarder et de s'entretenir avec vous, c'est parce que vous lui déplaisez.

— Tout cela, baron, ne conduit qu'à des suppositions. Mais s'il était vrai que j'eusse le malheur de plaire à cette belle Nadina, ce serait pour moi une raison de m'éloigner d'elle.

— A votre place, un Français tiendrait un tout autre langage. Je vois que vous êtes un vrai Russe.

— Je n'en ai nul regret ; j'aime ma patrie. N'aimez-vous pas la vôtre ?

— Ma patrie ! quelle candeur !... Mais je ne veux pas me laisser entraîner à vous développer sur ce grand mot de patrie des idées que vous ne comprendriez pas ou qui blesseraient vos sentiments. Restons-en là ! Voulez-vous venir aujourd'hui chez Dnieprowski?

— Non, je ne le puis.

— En ce cas, vous ne refuserez pas au moins de passer la soirée chez moi. J'ai retrouvé ici plusieurs de mes connaissances de Carlsbad, des Russes, des étrangers. J'aurai une troupe de bohémiens, nous boirons du vin de Champagne, nous ne parlerons pas de la politique, et nous passerons gaiement quelques heures.

— Soit. A quelle heure?

— A huit heures.

Le baron resta encore quelques instants avec moi, et me raconta avec un tel coloris de langage et une telle poésie un voyage qu'il avait fait en Espagne, que mon imagination le suivait avec bonheur sous les arbres en fleurs, dans les palais de Grenade.

A huit heures, j'entrais chez lui. Un domestique en grande livrée m'introduisit dans une chambre magnifiquement meublée : de tout côté, des bronzes, des glaces, des statues en marbre et des tableaux d'une nature fort anacréontique. Le baron était assis sur un divan recouvert d'une étoffe d'Orient. Devant lui, sur une petite table en malachite, était posé un réchaud en argent, d'où s'exhalait une vapeur aromatique. Derrière lui, dans une large glace, se reflétaient les lumières d'un lustre en cristal qui éclairait toute la chambre.

— Quel luxe ! m'écriai-je ; quelle splendeur !

— Oui, cet appartement est assez bien arrangé. Asseyez-vous ici près de moi.

—Mais, sans doute, vous ne l'avez pas trouvé,

en arrivant ici, meublé de la sorte. Comment avez-vous pu vous procurer ces marbres et ces peintures ?

— En fouillant dans divers magasins, du moment où j'ai vu que Moscou me plaisait et que je pouvais y rester une année. A la vérité, tous ces objets de luxe coûtent fort cher dans votre bonne ville de Moscou. Mais je ne tiens pas à l'argent, et mon unique souci en venant ici était de savoir si je parviendrais à employer convenablement mes billets de banque.

En ce moment, les invités du baron commençaient à arriver, et bientôt je me trouvai au milieu de l'assemblée la plus étrange pour moi ; des Italiens, des Anglais, quelques Allemands, deux ou trois Russes, beaucoup de Français, tous gens, à ce qu'il me semblait, appartenant à la bonne compagnie ; mais pas un n'éveillait ma sympathie. Un seul fixa mon attention par sa sombre physionomie, par l'éclair de ses yeux qui luisaient sous de noirs sourcils comme un feu sinistre. C'était un poëte.

Deux femmes, deux danseuses, je crois, viennent encore s'adjoindre à notre réunion : l'une, grande et forte, à l'œil noir, aux cheveux noirs, à l'attitude fière : c'était une Italienne, mademoiselle Carina ; l'autre, jolie et gracieuse, souple

comme une liane, légère comme un papillon :
c'était une Parisienne, mademoiselle Virginie.

— Mesdemoiselles, dit le baron en me con-
duisant près de ces deux provoquantes beautés, je
vous recommande mon ami. Il ne joue pas, il sera
votre cavalier. Vous, Carina, donnez-lui le goût
de la musique italienne, et vous, Virginie, faites-
en un de vos adorateurs. Mais je vous préviens
que c'est difficile, car il est fiancé, et il aime sa
fiancée.

Tous les convives du baron s'approchèrent avec
empressement des jeunes filles et semblaient char-
més de les regarder, quand bientôt ils furent attirés
d'un autre côté par le cliquetis de plusieurs rou-
leaux d'or que l'on étalait sur une table. C'était
un des invités qui organisait une banque ; la soirée
commençait.

Quelle soirée ! Je me sens rougir encore quand
j'y songe. J'étais resté seul, assis sur un canapé
entre mes deux sirènes : l'une dardait sur moi
un regard flamboyant ; l'autre tournait vers
moi, d'un air à la fois timide et coquet, deux
yeux langoureux. La première prononçait le
mot d'amour avec un accent passionné, la seconde le roucoulait ; toutes deux, du reste,
s'entendaient à merveille pour arrêter au passage
les domestiques chargés des plateaux et prendre

des verres de punch, et m'en faire prendre avec
elles.

A souper, je fus encore placé à table entre
elles. Cette fois, c'était du vin de Champagne qu'il
fallait boire à leur santé, tandis que les autres
convives portaient tour à tour, à haute voix, les
toasts les plus extravagants.

Ma pauvre tête n'était pas assez forte pour résister à de telles libations, ni à un tel vacarme.
Je me retirai dans une pièce voisine, et je crus
voir passer dans la rue un long cortége de deuil,
des hommes, des femmes, portant des torches
enflammées et suivant un char funèbre. Virginie
vint m'arracher à cette hallucination et me ramena
au salon, où une troupe de bohémiennes venait
d'être introduite, et commençait à chanter. Leur
chant fut applaudi avec enthousiasme, puis on
les invita à danser ; mais à peine avaient-elles
accompli quelques-unes de leurs vives et impé-
tueuses évolutions, qu'il me sembla qu'avec elles
les fauteuils et les tables, les glaces et les
salles entières, tout voltigeait et tourbillonnait.
Dans cette ronde effrénée, je vis tout à coup se
dessiner la figure du docteur Neigof. Il s'approcha de moi en tournoyant avec les bohémiennes,
me frappa à la tête, et je tombai sans connaissance.

Mon fidèle Georges me raconta, le lendemain, d'un air piteux, qu'on m'avait rapporté chez moi, et qu'il avait été très-tourmenté de me voir en un si triste état.

Zakamskoï, qui vint me faire une visite à deux heures, s'inquiéta d'abord de me trouver au lit. Lorsque je lui eus raconté la soirée à laquelle j'avais assisté, il comprit que j'avais eu la tête tournée par les fumées du vin de Champagne.

— C'est vrai, lui dis-je ; mais cela ne m'arrivera plus, je t'en réponds.

— Écoute-moi à présent, reprit-il, tu n'es pas un enfant, et je ne suis pas un vieillard ; par conséquent, je n'ai pas le droit de te faire des leçons ; cependant permets-moi de te dire que ton baron ne me plaît pas. Il est très-spirituel, mais il professe des principes qui m'épouvantent.

— Rassure-toi. Je ne me laisserai pas corrompre par lui.

— Que Dieu le veuille !

— Y a-t-il longtemps que tu n'as vu Dnieprowski ?

— Ah ! tu m'y fais songer : il parle souvent de toi, et sa femme m'a chargé de t'engager à venir chez elle ce soir.

—Ce soir! c'est impossible. Tu vois que je suis malade.

—Un mal de tête! ce n'est rien. Accepte cette invitation. Je suis très-aise de te le dire. Tu intéresses Dnieprowski et sa femme, surtout sa femme... Ne rougis pas et ne t'abuse pas sur ce témoignage d'intérêt. Elle s'entretiendra avec toi de songes mélancoliques, des nuits éclairées par les pâles rayons de la lune; tu lui liras quelques histoires romanesques. Vous vous attendrirez peut-être ensemble sur quelques infortunes imaginaires, et tout sera fini. Je connais Nadina; elle est rêveuse et sentimentale; elle se plaît à tourner ses regards vers le ciel et à parler d'un amour éthéré; mais, jusqu'à présent, personne, pas même les vieilles médisantes femmes de Moscou, personne n'a pu l'accuser d'avoir commis une faute grave. Il te sera aisé de gagner son amitié, mais je ne te conseille pas...

En écoutant cet avis de Zakamskoï, je me rappelai la lettre qu'elle avait écrite, et je souris.

—Quel sourire de satisfaction! s'écria mon ami. Eh quoi! est-ce que tu te croirais déjà certain de la victoire? Comme tu y vas!

Mon cœur était dévoué à Mariette, et je n'éprouvais qu'une sorte de penchant poétique pour

Nadina. Mais l'amour-propre, ce perfide mobile de tant de mauvaises pensées et de mauvaises actions, l'amour-propre me parlait son diabolique langage, en même temps que mon ami me donnait ses sagés conseils, et peu à peu il me subjuguait.

— Oui, me dis-je, si d'autres ont échoué près de Nadina, si Zakamskoï lui-même n'a pu lui inspirer les sentiments qu'il désirait, moi je ne serai point vaincu comme eux. Moi je conquerrai cet amour, puis après je retournerai près de Mariette pour lui consacrer ma vie entière.

Après cette belle résolution, je promis à Zakamskoï d'aller le soir chez Dnieprowski.

Au moment où je me préparais à faire cette visite, mon domestique m'apporta une lettre, une lettre de Mariette. Mon cœur palpite de joie, dès que mes yeux ont reconnu cette chère écriture. J'oublie la belle Nadina et ses éclatantes prunelles ; je lis cette lettre de ma fiancée et la relis avec bonheur. Ah ! celle-là ne fait point de phrases sentimentales, et ne s'égare pas dans de pompeuses affectations. Elle ne connaît pas la *Nouvelle Héloïse*, et ne songe guère, la chère enfant, à imiter cette œuvre menteuse, où la fausseté et la pauvreté du sentiment éclatent à chaque page sous l'emphase du style. Non, elle me raconte tout simplement ses devoirs, ses occupations de chaque jour, ses regrets et ses espérances. Elle me dit qu'elle prie soir et matin pour moi, et qu'en priant ainsi et en pensant que je suis si loin, elle est souvent près de pleurer, mais qu'elle comprime son émotion et se retire à l'écart pour cacher ses larmes, afin de ne point affliger sa mère.

Cette bonne longue lettre anéantit mes vaniteuses velléités. Au lieu d'aller chez Dnieprowski, je me rendis chez mon brave colonel. Je le trouvai, comme de coutume, assis en paix dans sa modeste retraite, au milieu de ses livres, ses trésors, indulgent, sincère et affectueux, comme toujours. Je sais que je ne puis attendre de lui, ni les vives et surprenantes saillies de mon prince sarcastique, ni la variété de récits, d'idées, de descriptions qui donne tant d'attrait à l'entretien du baron; mais sa franche cordialité, son bon et honnête langage, entremêlé de citations bibliques, me vont droit à l'âme. Chaque fois que j'ai passé quelques instants avec lui, il me semble que je deviens meilleur, et si je n'ai point succombé aux périls qui m'entouraient, c'est à lui que je le dois et au souvenir salutaire de ma pure fiancée.

En rentrant chez moi, j'écrivis à Mariette, et m'endormis d'un doux sommeil.

Deux semaines se passent; je n'ai pas dévié de mes sages résolutions; je ne suis pas retourné chez Dnieprowski. Le baron vient me voir presque chaque jour; il m'a invité à une nouvelle soirée; mais je ne veux plus assister au spectacle qui m'a laissé une si pénible impression, ni rencontrer mademoiselle Carina et mademoiselle Virginie. Il essaie aussi de m'entraîner dans la maison de Nadina, et je résiste à ses instances.

Le baron est pourtant un homme auquel on résiste difficilement. Sans cesse, je découvre en lui quelque nouvelle séduction. Il est poëte et musicien; il dessine avec talent; il a énormément vu, énormément lu, et il parle d'une façon charmante. Dans la continuité de nos rapports, nous en sommes venus à nous lier intimement et à nous tutoyer. Mais il n'a pu encore me déterminer à revoir la dangereuse Nadina.

Un soir, j'étais seul dans ma chambre. Le vent soufflait et mugissait au dehors, la neige tombait contre mes fenêtres. Je me trouvais alors dans une de ces heures morbides, où l'âme s'affaisse sur elle-même, où l'on cherche en vain un ressort qui la relève de son abattement, une distraction à son ennui.

Tout à coup, je vis apparaître le baron.

— Bonsoir, s'écria-t-il d'un air joyeux, je suis charmé de te trouver chez toi ; veux-tu passer une agréable soirée ?

— Si je le veux ? Je m'ennuie à périr.

— En ce cas, je t'emmène à un bal masqué chez la comtesse Doulina.

— Mais je ne la connais pas, et je ne suis pas invité.

— Tu l'as vu chez Dnieprowski. J'ai deux billets d'invitation, je t'en donne un. Nous prenons des dominos, et nous nous amuserons à intriguer une quantité de gens. Est-ce convenu ?

— C'est dit.

Quelques instants après, nous pénétrions, non sans peine, au milieu de la foule qui se pressait dans les salons de la comtesse. La plupart des hommes étaient masqués, et la plupart des femmes portaient des costumes de fantaisie. Je m'avance avec un sentiment de curiosité à travers les différents groupes ; je regarde de côté et d'autre, et soudain j'aperçois la maîtresse de la maison avec Nadina. La belle Nadina avait choisi pour ce bal un costume suisse qui lui donnait un charme inexprimable. Je m'approche d'elle précipitamment, mais trop tard. Elle se plaint d'un violent mal de tête, prie la comtesse de ne pas chercher à la retenir et disparaît.

En un instant, mon cœur avait été saisi d'une indicible émotion; en un instant, il me sembla qu'un voile morne s'étendait sur la foule qui m'entourait. Cependant je ne voulais pas me retirer encore. J'errais à travers les salons, sans but, au hasard, évitant seulement de m'arrêter près des personnes non masquées qui me connaissaient, écoutant d'une oreille distraite ce qui se disait autour de moi. Le baron m'avait quitté, dès notre entrée dans le salon, et je ne me souciais plus ni d'intriguer qui que ce fût, ni de m'immiscer dans aucun entretien. Déjà cette soirée, dont l'image m'avait souri dans mon ennui, commençait à me paraître fort monotone, et je songeais à me retirer, quand une personne vêtue d'un long domino bleu, et portant sur la tête un chapeau rond, m'accoste, me prend la main et me salue par mon nom. Son chapeau rond ne pouvait me tromper. A l'accent de sa voix, à la délicatesse de sa main, à ses petits pieds chaussés de bottines en soie, il m'est aisé de deviner que c'est une femme. Mais qui est-elle et comment a-t-elle pu me reconnaître, sous mon masque? Voilà ce que je ne puis m'expliquer.

— Ne trouvez-vous pas, me dit-elle, qu'on étouffe ici? Voyez: la chaleur est telle, qu'elle fait fondre les bougies. Allons dans une autre salle, nous aurons plus de fraîcheur.

— Où vous voudrez, beau masque. Je vous suivrais au bout du monde.

— Je ne vous conduirai pas si loin. Venez!

Elle me mena, à travers une enfilade de pièces, dans un élégant boudoir où il n'y avait personne.

— Asseyez-vous, me dit-elle. N'est-ce pas qu'on est mieux ici que dans ce grand salon?

— Assurément. Mais, dites-moi, comment me connaissez-vous?

— Je suis sorcier.

— Cela n'est pas possible. Les sorciers sont tous vieux.

— Et qui vous fait croire que je suis jeune?

— Vous-même. Je suis convaincu que ce masque cache des lèvres roses, des dents d'une blancheur éclatante, et, par bonheur, il ne cache pas les plus beaux yeux du monde.

— Vous pouvez faire toutes sortes de suppositions, mais il est une chose que vous ne me paraissez pas deviner, c'est que vous affligez vos amis en vous éloignant d'eux pendant des mois entiers.

— Moi! Je ne devine pas qui sont ces amis!

— Ainsi, vous ne nous reconnaissez pas; vous ne reconnaissez pas même ma voix. Mais l'amitié est indulgente, et vous n'osez peut-être pas accepter l'affection qui vous est offerte par une femme, parce que vous êtes fiancé?

— Je ne crains rien. Ma fiancée est loin d'ici.

— Vous plaisantez, et moi je vous parle sérieusement. Il est possible que, comme la plupart des hommes, vous ayez de très-fausses idées sur moi; mais je vous dis qu'une femme mariée peut très-bien avoir au dehors de son foyer conjugal une prédilection de cœur, sans manquer à ses devoirs, et la manifester sans rougir devant son mari, et si le monde condamne ses penchants, elle méprisera les jugements du monde, dans la pureté de sa conscience.

Là-dessus le domino bleu se mit à développer la plus romanesque des théories, sur l'union des âmes, et la parfaite innocence de ces affections idéales que le vulgaire ne peut comprendre.

Ma raison se refusait à admettre plusieurs des idées éloquemment exprimées par mon inconnue. Mais, comme l'a dit un poëte russe : « Le langage d'une belle femme est plus fort que la plus forte logique. » J'écoutais en silence cette parole tour à tour si vive et si pénétrante. Puis, peu à peu, cette voix qui, après s'être travestie, avait repris son accent naturel arrivait à mon oreille et à mon cœur avec la mélodie d'une voix aimée. N'était-ce pas la voix de Nadina ?... Non, pourtant ; j'avais vu moi-même Nadina, vêtue comme une fille des Alpes, faire ses adieux à la comtesse, et partir. Pourquoi serait-elle revenue avec un autre costume ?

Cependant je ne pouvais rester dans une pareille incertitude et je lui dis :

— Il me semble que je vous connais.

— Oui, me répondit-elle, il y a longtemps que nous nous connaissons, et je vais voir si ce que vous m'avez dit de votre première impression n'était point un mensonge ; regardez !

A ces mots, elle écarta son domino, et je la vis avec son spencer en velours noir, telle qu'elle m'était apparue sur la grand'route, quand je me rendais à Moscou.

— Quoi ! m'écriai-je, c'est vous ?

— Ah ! vous reconnaissez ce vêtement ?

— Ai-je pu l'oublier ?

— Pourquoi donc, si vous avez un tel souvenir du passé, nous avez-vous abandonnés ?

— Mes occupations journalières... divers devoirs...

— Vains prétextes dont vous sentez vous-même la fausseté. Je vous vois rougir sous votre masque. Avouez plutôt que la franchise de mes sentiments vous a effrayé. Vous n'êtes plus libre; vous devez bientôt vous marier ; vous vous êtes fait un devoir d'éviter une femme à laquelle, comme vous l'avez dit vous-même au baron, vous aviez eu le malheur de plaire.

Maudit baron ! Il lui avait répété mes propres paroles.

— Mais, dit Nadina, je vous prouverai que l'amitié n'est pas de l'amour. Voulez-vous être mon ami?

Elle prononça ces mots d'une voix si caressante et si irrésistible, que toutes mes craintes s'évanouirent, et que je m'écriai :

— Oui, je serai votre ami, avec orgueil, avec bonheur.

Nadina avait sa main dans la mienne. Sa main tremblait. Je la portai à mes lèvres. A travers le gant qui la recouvrait, je la sentais froide comme la glace. En même temps, des larmes s'échappèrent de ses yeux et glissèrent sous son masque.

Après un instant de silence, elle me dit :

— Vous reviendrez donc nous voir?

— Quelle question?... Je vous jure...

— Ne jurez pas, et venez demain soir. Mais silence ! voici quelqu'un.

Le prince qui, depuis quelque temps, m'était

devenu fort désagréable, et mon ami Zakamskoï, tous deux sans masque, s'approchèrent du boudoir :

— Assez, prince, disait Zakamskoï. N'as-tu pas honte ?

— Oui, j'ai honte de penser que cet enfant lui a fait perdre la tête.

— Comment peux-tu supposer... ?

— Écoute-moi. S'il s'agissait entre nous de quelque discussion littéraire, je n'essaierais pas de faire prévaloir mon opinion sur la tienne, car tu es studieux, savant, et moi je ne le suis nullement. Mais en ce qui tient aux femmes, j'ai une autre expérience que toi, et je te le répète, du jour où ton petit Grandisson a cessé de venir la voir, elle est tombée dans un état de langueur, elle a perdu toute sa vivacité et toute sa fraîcheur.

— Elle est malade. Est-ce une raison pour supposer...?

— Mais pourquoi donc chaque fois qu'on prononce devant elle le nom de ton ami, ce nom la fait-il rougir ?

— C'est encore une erreur de ta part. Je te dis qu'elle est malade, et aujourd'hui même, elle n'a pas pu rester plus d'une demi-heure au bal.

— Ah ! tu crois qu'elle est retournée chez elle ?

— Je l'ai vue partir.

— Moi aussi, je l'ai vue descendre l'escalier et je ne crois pas qu'elle soit partie. J'ai remarqué un petit pied chaussé d'une bottine de soie... Je me trompe bien si... Mais patience, je la chercherai encore...

En ce moment, il nous aperçut, regarda avec un méchant sourire le domino bleu de Nadina, puis m'observa attentivement, et murmura quelques mots à l'oreille de Zakamskoï.

— Non, lui dit celui-ci d'un ton ferme, il ne connaît pas la comtesse.

J'essayai de reconduire Nadina au salon; mais à chaque pas, la foule entravait notre marche.

— Laissez-moi, me dit à voix basse Nadina.

A peine m'étais-je écarté que le prince, s'approchant d'elle, lui dit :

— Comment, beau masque, vous voilà donc si tôt guéri?

— Vous vous trompez, répondit Nadina en changeant sa voix, je ne vous connais pas.

A ces mots, elle fit un mouvement pour s'éloigner et fut de nouveau arrêtée par les groupes nombreux qui se trouvaient sur son passage.

— Ne craignez rien, reprit le prince. Je ne prononcerai pas votre nom, ni celui de votre mari, qui, en ce moment, joue au whist. Mais vous avez eu tort de rentrer dans ce salon ; la petite chambre où vous vous étiez retirée, il y a un instant, est beaucoup plus fraîche. Et il me semble que vous aviez là votre médecin, un habile médecin ; je le connais. C'est sans doute lui qui a si vite dissipé votre mal de tête.

Je m'avançai brusquement.

— Monsieur, dis-je au prince en le saisissant par le bras, pourquoi retenez-vous cette dame ? Vous ne la connaissez pas.

— Pas si intimement que vous peut-être. Mais, puisqu'il vous plaît d'intervenir dans mon entretien, je vous conseille de changer de voix. Quoique Dnieprowski ne soit pas très-subtil, il pourrait cependant faire des réflexions qui ne vous seraient pas agréables.

Cette scène m'avait mis dans un violent état d'irritation ; à tout prix, cependant, il fallait me contraindre, pour ne pas compromettre Nadina. Par bonheur, pendant mon rapide colloque avec le prince ; elle s'était esquivée, et en la cherchant je rencontrai le baron.

— N'as-tu pas vu, lui dis-je, un domino bleu avec un chapeau rond ?

— Sois tranquille, me répondit-il. Je viens de la conduire à sa voiture, et j'ai appris que nous nous verrions demain soir.

— Oui.

— Enfin ! Tu es vraiment par trop scrupuleux. Le prince Dvinskoï te donne le surnom de Grandisson.

— Cet insolent Dvinskoï ! Tu ne sais pas ce qu'il a fait tout à l'heure ?

— Ne t'emporte pas contre lui. Sa situation est peu agréable. Il adore Nadina, et elle ne peut le souffrir.

— Est-ce une raison pour être impertinent ?

— Mais, mon cher, penses-tu que cet homme qui se vante d'avoir eu tant de bonnes fortunes puisse voir de sang-froid le rival qui remporte sur lui la victoire ?

— Que parles-tu de rival et de victoire ? J'ai promis à Nadina d'être son ami, rien de plus, et elle n'a pas la moindre idée d'un autre sentiment. Ah ! mon cher, quelle nature délicate, quelle âme élevée ?

— Très-élevée !... Mais je crois qu'il est temps de rentrer. Demain tu seras encore obligé de veiller, car Dnieprowski soupe très-tard, et il voudra te retenir à souper. Viens, je te reconduirai...

Quand je rentrai chez moi, Georges me remit une lettre de mon tuteur ; Mariette en avait écrit l'adresse. Je rougis en reconnaissant cette écriture. Ah ! je puis tromper les autres, donner à l'amour le nom d'amitié, mais j'entends la voix de ma conscience qui ne me trompe pas.

IX

Tout en faisant le lendemain encore cette belle réflexion, je reprenais le chemin de la demeure de Dnieprowski. D'abord, je m'imposai l'obligation de n'y aller que deux fois par semaine ; mais peu à peu je fus entraîné à y faire des visites plus fréquentes, et je finis par m'y rendre régulièrement chaque soir. Souvent je me trouvais seul avec Nadina ; son mari était au club ; et dans un tête-à-tête qui durait quelquefois plusieurs heures, jamais le mot d'amour ne s'échappait ni de mes lèvres ni des lèvres discrètes de la jeune femme. Nous parlions seulement des douceurs de l'amitié, de l'heureux accord de deux âmes qui, dans leur chaste élan, rejettent loin d'elles tout désir terrestre. Nous nous absorbions dans des rêveries poétiques, dans des quintessences de sentiment ; quelquefois je lisais à haute voix un roman choisi entre tous parmi les œuvres les plus mélancoliques de la France, de l'Allemagne et de la Russie, et tous deux nous nous attendrissions au récit des souffrances d'une nature incomprise. Comme Zakamskoï me l'avait annoncé, l'imagination ardente de Nadina ne demandait que des rêves, et ses désirs d'affection se perdaient dans les nuages.

Un soir pourtant, notre entretien, qui, d'ordinaire, était si vaporeux, en vint, je ne sais comment, à prendre un caractère plus positif, et à s'engager dans une voie qui conduisait tout droit à une déclaration formelle. Nadina me racontait qu'avant de se marier, elle n'avait jamais éprouvé la moindre prédilection pour les divers prétendants qui, dans le monde, cherchaient à conquérir ses bonnes grâces, qu'elle avait épousé Dnieprowski par obéissance pour ses parents. Puis, en détournant la tête et en baissant les yeux, elle ajoutait qu'elle s'était fait, dans ses songes de jeune fille, l'image d'un homme à qui elle eût été heureuse de donner son âme, de consacrer tous ses désirs, tous les moments de sa vie en ce monde, et de son éternité.

—Cette image, dit-elle d'une voix tremblante, en soulevant timidement ses regards de mon côté, et en laissant tomber sa main sur la mienne, il y a trois ans, sur la grand'route de Moscou...

Avant qu'elle eût achevé sa phrase, son mari entra, et l'aveu resta inachevé.

Mais j'en avais assez entendu pour qu'il ne me fût plus possible de m'abuser sur la réalité d'un sentiment voilé jusque-là par les termes de l'amitié.

Je rentrai chez moi dans une agitation extrême. Je me rappelais avec effroi ce que mon tuteur m'avait dit au moment où je le quittais. J'étais sûr qu'il ne faillirait point à sa résolution; qu'il ne confierait point sa fille à celui qui se serait compromis dans une autre affection; et j'aimais Mariette, et je tremblais de la perdre. Déjà, depuis quelques mois, par l'ascendant fatal de mes nouvelles relations, je m'étais rendu coupable de plus d'une négligence envers elle. Je ne lui écrivais plus, ni si longuement, ni si régulièrement, et chaque semaine, j'étais obligé d'inventer quelque nouvelle raison pour expliquer les lacunes de ma correspondance. Je frémis en voyant sur quelle pente je m'étais laissé entraîner, et je me dis qu'il fallait à tout prix m'en écarter au plus vite.

Au moment même où je considérais ainsi le péril de ma situation, il m'arriva un accident qui devait m'aider à sortir de mon périlleux sentier. Par un acte de maladresse, je me fis au genou une blessure qui n'avait aucune apparence inquiétante, mais qui m'obligeait pourtant à rester chez moi. C'en était fait de mes journalières conversations avec Nadina, de l'action magnétique de ses regards et des redoutables aveux suspendus à ses lèvres. Bientôt elle devait retourner à la campagne et moi j'arrivais bientôt au terme de ce long délai de trois ans que m'avait imposé l'inflexible raison de mon tuteur. Il m'avait tout récemment écrit d'un ton très-affectueux, mais aussi très-grave, qu'il prolongerait volontiers, si je le voulais, ce délai, qu'il lui semblait que le séjour de Moscou ne m'était point désagréable, et que je ne devais retourner près de lui que lorsque j'en aurais le plus sincère désir. Je venais de répondre à cette lettre que je ne resterais pas à Moscou une heure au delà du temps qui m'était prescrit, et dans la retraite à laquelle me condamnait ma blessure, loin de Nadina, affranchi de l'indicible magie qu'exerçaient sur moi son sourire, son regard, sa parole, sa grâce infinie, tous mes vœux, toutes mes pensées se reportaient vers le moment où je me mettrais en route pour rejoindre ma douce, pure, angélique fiancée.

Par malheur, le baron était comme un mauvais génie acharné à ma poursuite. Par malheur, je le regardais comme un ami dévoué, et quoique mon cœur fût tout entier à Mariette, mon imagination restait fascinée par les charmes de sa rivale, et j'étais faible. Broken me parla en termes touchants de la profonde douleur que Nadina avait éprouvée en apprenant mon accident, des tristes heures qu'elle passait, seule, sans cesse occupée de moi, et désolée de ne pas me voir. Il me dit que je ferais une œuvre de commisération si je lui écrivais quelques lignes, et j'écrivis. Le lendemain il m'apporta un billet d'elle, simplement amical, et qui, par cette innocence même de langage, m'engageait à écrire de nouveau.

Une correspondance quotidienne s'organisa entre nous par l'officieuse entremise du baron, qui se réjouissait, disait-il, de consoler les affligés.

Mon indisposition se prolongeait. Insensiblement nos lettres déviaient de leur caractère primitif. Ce que Nadina et moi nous n'aurions peut-être osé nous dire face à face dans une de nos solitaires entrevues, nous ne craignions plus de l'écrire sans nous voir. Du froid pluriel, nous en étions venus au tendre tutoiement, et le mot d'amour ou ses synonymes remplaçaient dans nos lettres les termes modérés de l'amitié.

Un jour, à la suite de ce long échange d'épîtres qui devenaient de plus en plus expansives, et qui dans notre isolement surexcitaient notre imagination, Nadina déclara qu'elle ne pouvait vivre plus longtemps sans me voir. Elle eut la témérité de franchir le seuil de ma porte, et au moment où elle était assise au chevet de mon lit, tenant ma main dans les siennes et me disant tout ce qu'elle avait souffert, nous entendîmes dans l'antichambre la voix de son mari. Il entra avec mon odieux rival Dvinskoï. L'imprudente Nadina n'eut que le temps de se réfugier dans un cabinet. Malgré les perfides insinuations du prince et quelques vagues propos qu'il avait entendus au club, et l'infamie d'une lettre anonyme, Dnieprowski n'avait aucune inquiétude sur la fidélité de sa femme. Il s'assit près de moi, me parla amicalement, puis se retira sans

se douter de la visite que je venais de recevoir.

A peine était-il parti, que sa femme s'enfuit, et
à l'aide du baron rentra chez elle assez tôt pour
n'éveiller aucun soupçon.

X

Quinze jours après cet événement, j'étais
guéri, et dès ma première sortie, je me dirigeai
vers la maison de Nadina. Son mari me reçut
poliment, mais froidement. Soit qu'il eût encore
entendu quelques rumeurs indiscrètes, ou soit
que la lettre anonyme eût, malgré lui, agi sur
son esprit, le fait est qu'il était jaloux de moi; si,
à son accueil contraint, je ne l'avais pas pres-
senti, je n'aurais pu en douter en observant le
changement de ses habitudes. Il n'allait plus au
club, son refuge quotidien; il restait constam-

ment près de sa femme, et ne sortait que lorsqu'elle sortait elle-même pour faire des visites. En vain j'épiais une occasion de m'entretenir quelques instants avec elle ; l'inquiète surveillance de Dnieprowski déjouait toutes mes tentatives. Nous en étions réduits, elle et moi, à continuer notre mystérieuse correspondance par l'entremise du baron.

L'hiver touchait à sa fin. Malgré mon constant amour pour Mariette, je ne pouvais sans un profond sentiment de douleur penser que bientôt je quitterais Nadina pour toujours. Dans ma juvénile candeur, je me représentais les tortures qu'elle devait éprouver à l'heure de nos adieux, et l'isolement cruel où j'allais la laisser. Cependant, me disais-je, si elle était libre, voudrais-je abandonner pour elle ma fiancée? Non! non, assurément! Mais elle aimait, elle souffrait; je devais consacrer toute ma vie à Mariette, mais je n'avais plus que quelques semaines à donner à cette pauvre femme qui semblait avoir mis toute son existence en moi, et la perspective de son délaissement dans un long avenir me navrait le cœur.

Le peu de temps que j'aurais pu passer près d'elle à Moscou a été encore abrégé par son mari qui l'emmena à la campagne, à cette même campagne où pour la première fois nos regards se sont rencontrés.

Tandis qu'aux premiers beaux jours de mai, tout s'anime et s'égaie autour de moi, j'erre mélancoliquement dans le quartier vers lequel naguère je me dirigeais chaque soir avec tant d'empressement, et je regarde avec tristesse la maison de Nadina, la maison déserte, les volets fermés.

Un matin, Broken m'apporte une lettre de la pauvre châtelaine solitaire, qui me conjure d'aller la voir le lendemain.

— A mon grand regret, dit-il, je ne puis t'accompagner, car j'ai invité pour demain une dizaine de personnes à déjeuner. Cependant, tu ne peux aller seul là-bas ; le baron voudra te montrer ses serres, ses jardins et tout son château, depuis le salon jusqu'à la grange, ou il t'asservira à une partie de billard, ou il te condamnera à un interminable jeu de piquet, et si tu n'as pas avec toi un ami qui occupe son attention, tu ne pourras saisir une minute pour dire un mot à Nadina.

Cet avis était juste. Il s'agissait seulement de trouver quelqu'un qui voulût bien s'adjoindre à moi sans se douter du service qu'il me rendrait. En me promenant sur le boulevard, je rencontre par hasard Zakamskoï ; je lui propose de faire avec moi cette excursion. Il accepte.

Le lendemain nous montons à cheval par une riante matinée, et nous nous en allons, philosophant amicalement sur la grand'route. Zakamskoï est un honnête garçon dont la vie mondaine n'a point affaibli les bons sentiments. Moi j'ai aussi gardé le respect des saines idées, des douces croyances qui, dès mon bas âge, m'ont été inculquées dans la maison de mon tuteur. Cependant mes relations journalières avec Broken ont fait entrer dans mon esprit plusieurs maximes paradoxales que je ne crains pas d'exprimer, et que mon ami discute patiemment d'un ton affectueux, avec sa docte raison.

Nous étions à plus de moitié chemin du terme de notre course, quand tout à coup il s'interrompt au milieu d'une de ses sages dissertations.

— Regarde donc, me dit-il, cette voiture qui vient de notre côté ; il me semble que c'est celle de Dnieprowski.

— Tu crois ?

— Positivement.

Un instant après, cette voiture passait rapidement près de nous. Dans le fond était assis un homme qui, à notre aspect, avait enfoncé son chapeau sur ses yeux, de façon à ce qu'on ne pût distinguer son visage.

— C'est lui, me dit Zakamskoï ; c'est sa calèche bleue, ce sont ses chevaux bruns.

— Impossible. Pourquoi aurait-il voulu se dérober à nos regards?

— Je l'ignore. Mais nous saurons bientôt à quoi nous en tenir, car déjà j'entrevois les murs de son habitation.

Quelques instants après, nous arrivons au pied du château. La porte en est fermée ; personne pour l'ouvrir.

— Attends, me dit Zakamskoï, j'aperçois le jardinier, je vais l'appeler. Oh! hé, Thomas!

Thomas s'approche et nous fait un profond salut.

— Dnieprowski est-il chez lui?

— Il est parti tout à l'heure pour Moscou.

— Et ta maîtresse ?

— Elle est sortie, il y a près de trois heures.

— Sais-tu quand elle rentrera ?

— Je ne saurais vous le dire, monsieur ; elle est montée à cheval, et si je ne me trompe, elle doit faire aussi une promenade sur la route de Moscou.

— C'est étrange! me dit Zakamskoï.

Puis se retournant vers le jardinier .

— Est-ce qu'on ne prépare pas, lui demanda-il, le dîner de tes maîtres?

— Non, monsieur, il n'y a point de feu à la maison.

— En ce cas, mon cher Alexandre, me dit mon ami, nous n'avons rien de mieux à faire que de nous en retourner. Sans doute, tu te seras mépris sur le jour de ton invitation.

—Non, je suis sûr que c'est aujourd'hui même.

— Alors, je n'y comprends rien. Dnieprowski d'un côté, sa femme de l'autre, personne au logis. Pourvu qu'il ne soit pas arrivé quelque malheur! Partons.

— Tu m'effrayes.

— Peut-être que Dnieprowski est jaloux!

— Pourquoi donc le serait-il?

— Pourquoi! Est-ce à toi à me le demander? Si l'on en croit les rumeurs qui circulent dans la ville, il n'aurait que trop de raisons de l'être... et à cause de toi!

—En vérité, je ne conçois pas...

— Tout Moscou le dit.

— C'est une abominable calomnie.

— Oui, c'est ce que je pense comme toi; cependant avouons que si ces calomnies sont arrivées à l'oreille de Dnieprowski, il a bien quelque motif de s'en inquiéter... Mais ton départ mettra fin à ces méchants propos. Tu dois prochainement retourner près de ta fiancée?

— Je ne sais.

— Comment, tu ne sais?

— Non. Mon tuteur paraît désirer que mon mariage soit retardé d'un an.

— Ce n'est pas toi, j'espère, qui lui auras donné l'idée de ce délai.

— Je ne le pense pas.

— Crois-moi, mon ami, ne sacrifie pas un véritable bonheur, un doux et solide avenir, à une fantaisie éphémère. S'il m'est permis de te donner encore un conseil, ne prolonge pas ton séjour à Moscou. Tu es maintenant à l'égard de Dnieprowski dans une situation telle, que tu ne peux ni interrompre tes relations avec lui, ni continuer tes visites chez lui sans donner lieu à de fâcheuses interprétations. Mais pendant que je te sermonne ainsi, je sens que j'ai grand besoin de déjeuner, et il y a loin encore d'ici à Moscou. Hâtons le pas.

Nous mîmes nos chevaux au trot. A notre arrivée en ville, Zakamskoï me proposa d'entrer avec lui chez un restaurateur. J'avais l'esprit trop tourmenté des divers incidents de cette matinée pour qu'il me fût possible de déjeuner. Je lui dis que je voulais retourner chez moi. J'avais besoin d'être seul pour me livrer à mes réflexions.

En entrant dans ma chambre, j'y trouvai le baron qui m'attendait.

— Dieu soit loué ! s'écria-t-il, je commençais à perdre patience. Ferme la porte avec soin, assois-toi et écoute-moi. J'ai à te parler d'une grave affaire.

— Tu me fais peur.

— Il ne s'agit pas d'avoir peur ; il faut, au contraire, prendre une calme et froide résolution.

— J'écoute.

— Tu viens du château de Dnieprowski ?

— Oui.

— Tu n'y as trouvé personne ?

— Personne.

— C'est ce que je pensais. Cela va mal.

— Qu'est-il donc arrivé ? Parle, je t'en prie.

— Ce matin Nadina est accourue tout effarée chez moi... Sa fatale imprévoyance !.. Je l'en avais prévenue... Je l'avais si souvent conjurée de brûler ses lettres !... Mais les femmes !... Elles ne voient le danger que lorsqu'il n'est plus temps de l'éviter. Il leur faut des bagues, des portraits, des chiffons de papier, toutes sortes de niaiseries... et un beau jour, un de ces chers talismans tombe entre les mains du mari.

— Mais seigneur Dieu, qu'y a-t-il donc? Achève.

— Il y a que ce matin, Dnieprowski a trouvé par hasard une des lettres que tu écrivais à Nadina et qu'il s'en est emparé. Alors la pauvre femme a perdu la tête; elle est partie pour Moscou, et après m'avoir raconté ce fatal accident, elle s'est réfugiée chez une de ses tantes. Mais son mari est accouru aussi en ville pour faire prononcer son divorce et demander que la malheureuse Nadina fût enfermée dans un couvent.

— Quoi! tu penses qu'il pourrait eu venir à cette extrémité?

— Il y est résolu.

— Pauvre Nadina !

— Tu as raison de dire : Pauvre Nadina. Et si tu l'abandonnes...

— Moi! jamais. Je suis prêt à tout tenter pour la sauver. J'irai voir Dnieprowski; je lui dirai que je suis seul coupable; que sa femme ne m'a pas une seule fois répondu.

— Et tu supposes qu'il te croira ?

— Je lui offrirai toutes les satisfactions qu'il pourra désirer.

— Tu ne le connais guère. En ce moment il t'accuse d'avoir séduit sa femme, et si tu lui proposes un duel, il dira que tu veux le tuer pour te marier avec elle.

— Grand Dieu ! mais n'y a-t-il donc aucun moyen de la sauver ?

— Écoute, Alexandre, je ne veux pas essayer de te tromper ; tu connais mieux que moi la législation de ton pays. Ta lettre est entre les mains de Dnieprowski, et il ne faut attendre de lui ni générosité ni commisération. Mais Nadina peut vivre ailleurs que dans cette froide Russie, sous la rigide autorité d'un vieil époux, dans la sombre sphère d'une réunion de méchantes douairières. Le monde est grand, et il s'y trouve tant de contrées plus attrayantes que cette région septentrionale, tant de villes plus agréables à habiter que cette cité des tzars, tant de douces retraites épanouies sous un beau ciel, tant de braves gens qui ne troublent point le bonheur des autres.

— Tu penses donc que Nadina devrait se retirer en pays étranger ?

— Elle n'a pas un autre moyen de garder sa liberté. Il faut l'emmener loin d'ici.

— Mais qui donc l'emmènera ?

— Qui donc ? Voilà une singulière question ! Qui serait-ce, sinon celui qu'elle aime ?

— Ainsi c'est moi qui devrai...?

— Assurémemt. L'honneur t'en fait une loi.

Tu sais que je ne professe pas un grand respect pour toutes les sentimentalités et les idées chevaleresques qui souvent ne servent qu'à entraver notre chemin. Les femmes nous trompent, et nous les trompons. Voilà l'ordre des choses. Cependant, il est des circonstances où l'homme est tenu de se sacrifier au moins pour quelque temps. Si tu avais quitté Nadina pour te laisser aller à une autre séduction, je n'aurais pas la moindre observation à te faire. Je trouverais ce caprice tout naturel ; mais la délaisser à présent, quand il ne lui reste pas un autre appui que toi, quand toi seul peux la secourir et la sauver, l'abandonner sans défense à la fureur de son mari, au sort cruel qui la menace... Non, non, mon ami, c'est impossible...

— Mon Dieu ! mon Dieu ! tout est donc perdu, toutes mes espérances, tout mon avenir ?...

— Pourquoi te lamenter ainsi ? Qu'est-ce que cet avenir dont l'image te cause un tel regret ?.. Un mariage vulgaire, une vie terne et morose au fond d'une province, sous ce ciel glacial de Russie, tandis que tu peux entrer dans le mouvement de la civilisation, et jouir de tous les charmes des plus belles régions de l'Europe.

— Mais ma fiancée ! ma fiancée !

— Eh bien, il est possible qu'elle s'afflige d'abord de ton éloignement, qu'elle pleure ; puis elle se consolera et en épousera un autre.

— Un autre !

A ce mot, je sentis tout mon sang affluer impétueusement au cœur. Peut-être qu'à la rigueur j'en viendrais à renoncer à Mariette, mais l'idée qu'elle pouvait en épouser un autre...!

— Non, non, m'écriai-je, si je la quitte, elle en mourra.

— Que tu es enfant ! répliqua froidement le baron. Calme-toi, elle n'en mourra pas, je t'en réponds, et peut-être que, dans une vingtaine d'années d'ici, à la place de ta jeune et jolie Mariette, tu trouveras une bonne grosse femme, ridée par l'âge, vêtue d'une robe en laine, mariée à quelque honnête rustique propriétaire, mère d'une douzaine d'enfants et fort heureuse de son sort.

— Assez, assez, Broken ; ne continue pas cette plaisanterie. Avec ton cœur de glace, tu ne peux savoir combien j'aime Mariette ; tu ne peux comprendre que je l'aime plus que ma vie, qu'à la pensée seule qu'un autre puisse l'épouser, tout mon sang se fige dans mes veines. Non, je ne la quitterai pas. Je mourrais pour Nadina, mais je ne puis vivre sans Mariette. Non, c'est impossible.

— Pauvre garçon, mais tu ne vois donc pas

que, bon gré mal gré, il faut en venir là ! Quelque
parti que tu prennes, soit que tu remplisses le
devoir que la situation de Nadina t'impose, ou
que tu t'éloignes sans pitié de cette infortunée,
ton mariage avec Mariette n'en est pas moins
rompu. Quand Dnieprowski aura déposé sa plainte
au tribunal, quand le jugement qu'il sollicite
sera rendu, quand cette cause intéressante sera
publiée dans les journaux avec tous ses détails...

— Un moment ! Est-ce que les journaux re-
lateront cette affaire?

— Sans aucun doute.

— Et mon tuteur la lira... Oui, tu as raison ;
oui, mon Dieu ! tout est perdu. Mariette ! Mariette !

En prononçant ces mots, je me jetai sur un
canapé et fondis en larmes. Dans ce moment
affreux, je me représentais le mépris du vieillard
que j'aimais comme un père, la douleur de sa
femme, et celle de la douce enfant aimée que j'a-
vais appelée ma sœur, que j'appelais naguère
avec tant de joie ma fiancée.

Le baron remontait tranquillement sa montre.
Un sourire ironique errait sur ses lèvres.

— Allons, s'écria-t-il après un instant de
silence, voilà une demi-heure que tu te lamentes.
Assez, Alexandre ; une femme aurait plus de
fermeté. La crédule Nadina, si elle voyait main-

tenant celui en qui elle a mis son espoir! Quel beau protecteur!... Faut-il que je lui fasse savoir qu'au lieu de se précipiter vers elle pour lui tendre une main secourable, son être idéal se roule sur un canapé et pleure comme un enfant qui a reçu le fouet? Voyons, n'es-tu pas honteux?

— Oui, mon ami, tu as raison; il faut que je montre une résolution virile. C'est convenu. Je sauverai Nadina, et après, je sais ce que je ferai.

— Enfin, tu en es donc venu à une décision! J'ai cru que nous n'y arriverions jamais... Ah! si j'étais à ta place... Si cette ravissante créature...

— Cependant, j'y réfléchis; quelles raisons as-tu de croire qu'elle veuille fuir avec moi en pays étranger?

— Ma raison, la voici : d'abord elle n'a pas un autre parti à prendre; en second lieu, elle a plus de fermeté que toi, et enfin, elle irait avec toi au bout du monde.

— Ce ne sont là que des suppositions.

— Voici un témoignage écrit. Lis ce billet que j'ai été chargé de te remettre.

Je pris des mains de Broken un lambeau de papier sur lequel Nadina avait à la hâte écrit au crayon les lignes suivantes :

« Alexandre, nous sommes perdus... Mon

mari sait tout... Je ne te dirai pas que je n'ai plus que toi dans le monde... Non ; nous avons un ami dévoué, incomparable... Suis ses conseils, lui seul peut nous sauver. Oh ! Alexandre, mon cœur cessera de battre si l'idée me vient que tu pourrais... Mais non, non, tu n'abandonneras pas ta Nadina. »

— Eh bien, dit le baron, quand j'eus fini cette lecture, crois-tu à présent que j'avais le droit de parler au nom de cette malheureuse femme ?

— Quand faut-il partir ?

— Le plus tôt sera le mieux.

— Pas aujourd'hui pourtant !

— Pourquoi pas ?

A cette réponse, un froid glacial me saisit. J'étais comme un homme qui, comptant vivre encore quelque temps, apprendrait tout à coup que sa dernière heure a sonné.

— Non, m'écriai-je, aujourd'hui c'est impossible. Je n'ai pas d'argent.

— Je t'en remettrai.

— Je n'ai pas de passe-port.

— C'est vrai. Il te faut un passe-port.

— Tu vois, et pour en obtenir un, c'est une affaire de deux semaines [1].

---

[1] On ne peut obtenir un passe-port en Russie sans avoir fait annoncer trois fois son départ dans le journal officiel. A l'époque où

— Oui.

Je respirai plus librement. Je gagnais un délai de quinze jours.

— Oui, reprit le baron, et pendant ce temps-là, Dnieprowski dépose sa plainte et tu es appelé à comparaître devant le tribunal, et tu ne peux plus partir. Au reste, dès ce soir déjà tu peux être signalé aux limiers de la police. Voilà pourquoi il faut absolument partir aujourd'hui... Mais ce fatal passe-port... Attends... Il me vient une idée.

En ce moment, cinq heures sonnaient à la pendule. Tout à coup un sourire éclata sur la figure de Broken, mais un sourire si méchant, si diabolique, que j'en fus effrayé.

— Voilà notre affaire ! s'écria-t-il avec un regard étincelant. Le prince Dvinskoï, qui veut faire un voyage en France, m'avait prié de prendre en passant son passe-port à la police, et de le lui remettre aujourd'hui avant cinq heures, car passé cinq heures, je sais qu'il doit absolument sortir. Je l'ai entre les mains, ce passe-port. Je puis te le donner.

____

j'étais à Moscou, ce journal ne paraissait que deux fois par semaine, il en résultait qu'on ne pouvait avant un délai de dix jours demander son passe-port.

— Eh quoi, tu voudrais que je voyageasse sous un faux nom ?

— Cela n'en vaudra que mieux pour ta sécurité, car tu penses bien que, dès que Nadina aura disparu, on n'accusera que toi de l'avoir enlevée, on te poursuivra, on t'atteindra à la frontière, et avec un passe-port portant un autre nom que le tien, tu échappes à une arrestation... Ainsi tout est réglé. Je vais donner l'ordre qu'on prépare ta voiture, puis j'irai voir Nadina, puis commander des chevaux, et, à onze heures, je suis de retour. Adieu.

— Attends, il me faut encore un congé.

Je cherchais, pour retarder ce fatal départ, chaque prétexte, comme l'homme qui se noie saisit chaque brin d'herbe.

— Quelle folie ! me répliqua d'un ton sardonique le baron. Tu enlèves la femme d'un autre, et tu crois avoir besoin de solliciter un congé ! Au reste, c'est peut-être un expédient. Tes chefs croiront que tu as été dans ta province. Assois-toi là et écris ta demande.

— Maintenant il est trop tard.

— Je me charge de réparer le temps perdu.

— Oh ! mon cher ami, je n'ai plus ni force, ni résolution quand je pense à Mariette.

— Quel enfantillage ! Seras-tu plus content

lorsque, en perdant ta fiancée, tu auras laissé rouler dans l'abîme une autre femme? Je t'ai déjà dit que ton mariage ne pouvait plus se conclure. Il faut t'y résigner. Voyons, dépêche-toi, écris.

Quand j'eus machinalement formulé ma demande de congé, le baron la prit, puis appela Georges, lui ordonna de préparer ma valise, et sortit.

— Nous allons partir, monsieur? me dit Georges d'une voix émue.

— Oui.

— Pour notre village?

— Non.

— Où allons-nous donc?

— Bien loin. Fais ce qu'on t'a dit.

Il secoua la tête et sortit.

Je ne saurais dire dans quel état je passai le reste de cette mortelle soirée. Je ne pouvais ni tenir en place, ni me distraire par le mouvement. Il me semblait que les murs de ma chambre se serraient sur ma poitrine, et que le plafond m'écrasait. Tantôt je sentais mon sang bouillonner dans mes veines, et tantôt s'y glacer. Quelquefois il me semblait que j'avais la fièvre, que tout ce que je venais de dire, d'entendre, de résoudre n'était qu'un mauvais rêve.

Dix heures sonnèrent.

— Voilà qu'on amène les chevaux, dit Georges en s'avançant timidement sur le seuil de la porte. Faut-il porter les malles à la voiture?

— Oui, et tout de suite.

— Dans une heure donc, me dis-je, dans une heure tout sera fini, et je sentais que je me laissais aller à l'action impérieuse du baron, comme un voyageur craintif se confie, en fermant les yeux, à la main du guide qui le conduit à travers un précipice sur une planche fragile.

A onze heures précises, le baron entra.

— Voici ton congé, me dit-il en me remettant une feuille de papier signée de mon supérieur. Tout est arrangé. Dans une demi-heure, il faut que nous soyons dans une petite ruelle déserte, derrière la maison de Dnieprowski. Là, Nadina nous rejoindra, et j'espère qu'avant qu'on s'aperçoive de sa fuite, vous serez loin d'ici. Vous m'attendrez à Varsovie dans une maison dont je vais te donner l'adresse..... Ah ! mon ami, que tu es heureux ! Tu ne peux t'imaginer comme cette femme t'aime. Ce n'est pas de l'amour ; c'est de la folie. Je voudrais pouvoir la peindre quand elle parle de toi ! C'est la personnification de la passion. Elle ne pense, elle ne vit, elle ne respire que pour toi. Si une femme pareille m'aimait ainsi, j'en perdrais la tête..... Mais il n'y a rien de comparable à ta Nadina. C'est le plus admirable assemblage de tout ce qu'il y a de plus séduisant en diverses contrées... L'èsprit, la vivacité d'une Française, l'imposante beauté d'une Anglaise, l'éclat d'une Andalouse, et un amour sans exemple.

— Oui, elle est très-belle... mais les engagements que j'avais contractés.

— Au diable tes engagements ! Je ne connais qu'une obligation en ce monde, celle de s'efforcer d'atteindre au bonheur et de jouir de la vie. Tout le reste n'est qu'une erreur. Quand tu auras vu Paris, tu sauras ce que c'est que de vivre. Ici, dans votre morbide Russie, vous n'avez pas l'idée d'une vraie jouissance. Partout la même uniformité et la même inanimation. L'ennui à Pétersbourg, l'ennui à Moscou, l'ennui dans vos domaines champêtres. Quand vous vous mariez, c'est pour vous ennuyer avec votre femme, et quand vous entrez au service, c'est seulement pour varier votre ennui. Patience ! tu entreras bientôt dans une autre sphère... Les diamants de Nadina et l'argent que je t'apporte te constituent un capital avec lequel tu peux passer fort joliment une année, visiter la Suisse, l'Italie...

—La Suisse, l'Italie, la France, tout m'est égal.

— Tu ne parleras pas ainsi quand tu auras

été à Paris, quand tu connaîtras le mouvement, l'action, les attraits innombrables de cette capitale de l'intelligence, de cette ville sans pareille... Mais il est temps de partir... Es-tu prêt?

— Georges, mon chapeau ! mon manteau !

— Dépêche-toi. Nous irons à pied à l'endroit où Nadina doit nous retrouver, et la voiture nous rejoindra.

— Comme tu es pressé ! Attends au moins que j'aie mis mon manteau.

Tout à coup, la figure du baron m'apparut bouleversée. Ses yeux se troublaient, ses lèvres tremblaient. Il s'approcha de la porte avec une anxiété visible, en murmurant :

— C'est lui... le voici !

— De qui donc parles-tu? m'écriai-je avec impatience.

Au même instant, j'entendis résonner la voix de Georges dans l'antichambre.

— Oui, monsieur, disait-il, mon maître est là.

Broken se précipita vers la porte pour la fermer, puis soudain se retira en arrière et se cacha dans l'angle obscur de la chambre.

— Ayez la bonté d'entrer, monsieur, dit Georges.

Et la porte s'ouvrit, et je me trouvai en face de mon vieux brave colonel.

XI

— Le retour. —

— Tu vas donc partir ? me dit le bon vieillard que j'avais indignement négligé depuis quelques mois. L'heureux jour que tu attendais est enfin venu, et tu retournes près de ta fiancée... Mais ton domestique m'a dit que tu n'étais pas seul...

— En effet. Permettez-moi de vous présenter mon ami le baron Broken.

— Ton ami ! s'écria le colonel en fixant un regard perçant sur le baron qui se tenait immobile dans son coin.

— Je pars avec lui.

— Avec lui! Y songes-tu? répliqua le vieillard avec une expression de physionomie que je ne lui avais jamais vue, avec un regard d'indignation devant lequel Broken paraissait trembler comme un coupable devant son juge. Voilà donc celui qui est devenu ton compagnon inséparable! Voilà celui qui, avec le stigmate au front et le venin sur les lèvres, s'est fait ton ami? Ah! Alexandre, tu n'as pu le reconnaître sous son masque. Tourne à présent tes yeux de son côté! Vois-le tel qu'il est!

En un instant, le visage du baron s'était transformé. Les passions les plus odieuses, la haine, l'envie, la cruauté, y éclataient en traits effrayants. Ce n'était plus une physionomie humaine, c'était une figure monstrueuse.

— Cet être, continua le colonel en me prenant la main, cet être empoisonne par son souffle les lieux où il se trouve... Mon ami, tu étais au bord de l'abîme; mais je puis encore te sauver si tu n'es pas assez lié à ce démon pour ne pouvoir t'en séparer. Dis-moi, veux-tu rester son ami?

— Non! non! m'écriai-je avec un accent de terreur.

La figure du colonel s'épanouit.

—Tu l'as entendu? dit-il en se tournant vers Broken. Quiconque te connaît a horreur de toi et ne peut t'appartenir.

Le baron gardait le silence. On voyait, à la contraction de sa physionomie, qu'il faisait un violent effort pour résister à l'ascendant que la présence de Sergovitch exerçait sur lui. Parfois un sourire ironique paraissait près d'éclore sur ses lèvres, puis le rouge lui montait au visage, et ses yeux injectés de sang reluisaient comme ceux d'un tigre. Un instant, il essaya de les fixer effrontémeut sur nous, mais il ne put soutenir le calme et ferme regard du colonel, et tout à coup, grinçant des dents et se voilant le visage, il ouvrit brusquement la porte et disparut.

Je restai en silence comme stupéfait de cette scène; puis je dis au colonel :

— Qu'est-ce que cela signifie? Qui vous a donné un tel empire sur cet homme? Je ne le crois pas lâche. Comment donc lui inspirez-vous une telle crainte? Sans doute, vous savez sur lui des choses effroyables?

— Oui, mon ami, je le connais; c'en est assez. Ne parlons plus de lui. J'espère que, par la grâce de Dieu, tu ne le rencontreras plus jamais. A présent, assois-toi, Alexandre. Nous avons à causer sérieusement, et d'abord personne ne t'attend, et tu ne partiras pas pour les pays étrangers.

— Qui vous a dit...?

— Je sais tout.

— Mais de quelle façon?

— Je vais te l'apprendre. Ce matin, Dnieprowski est entré chez moi dans un état de douleur effrayant. Sans pouvoir prononcer un mot, il m'a remis ta lettre. Hélas! Alexandre, je ne pouvais croire que tu eusses écrit une pareille lettre. Cependant il a bien fallu me rendre à l'évidence, et je ne te dirai pas les amères réflexions que m'a fait faire cette cruelle découverte.

— Je vous jure sur l'honneur que Nadina est innocente.

— C'est-à-dire que votre liaison pourrait être plus coupable. J'en suis convaincu. D'ailleurs j'ai vu Nadina.

— Vous avez été chez elle?

— Oui. La malheureuse! Dans quelle situation je l'ai trouvée! Elle voulait fuir avec toi... Mais je suis persuadé qu'elle n'aurait pu survivre à son déshonneur, et c'est toi, Alexandre, qui l'aurais tuée.

— Que faire, pourtant? Je voulais la sauver.

— La sauver!...

—Oui. Ignorez-vous que Dnieprowski a manifesté l'intention de demander sa séparation judiciaire en déposant ma lettre au tribunal?

— Ta lettre! la voici.

— Est-il possible? Ainsi il ne songe pas à faire enfermer sa femme dans un couvent?

— Quelle folie! C'est le baron qui a inventé cette fable, et tu as pu le croire! Tu ne sais pas que Dnieprowski sacrifierait tout pour assurer le bonheur de sa femme; que, non-seulement, il n'a jamais eu l'idée de la faire enfermer, mais qu'il lui a fait une donation de tous ses biens, et qu'il voulait se retirer du monde pour lui assurer une complète liberté. Car il aime Nadina plus que lui-même, et, je te le répète, je l'ai vu prêt à tout abandonner dans l'espoir de la rendre plus heureuse. Et cette femme a compris la noblesse, la grandeur d'un tel dévouement. Quand elle a vu dans quel précipice l'entraînait une erreur romanesque, et quel magnanime amour lui gardait celui dont elle avait trahi la confiance, elle a pleuré, elle a juré de t'oublier, puis elle a couru se jeter aux pieds de son mari, qui l'a relevée avec tendresse et l'a serrée sur son cœur. Maintenant rien ne t'empêche d'aller rejoindre la jeune fille que tu dois épouser, la famille qui t'attend. Pars, et écris-moi quand tu te marieras. Je voudrais te faire mon présent de noces. Adieu, mon ami ; peut-être ne nous reverrons-nous plus en ce monde, car je suis vieux, mais il est un autre monde où les braves se retrouvent. Adieu !

A ces mots, le colonel me serre dans ses bras, puis s'éloigne, et je m'élance dans ma voiture.

— En avant ! en avant ! dis-je au postillon ; tu seras largement payé, mais fouette tes chevaux.

A tout instant, je répète cette injonction. A chaque relais, je stimule l'ardeur des cochers par de généreuses gratifications. Grâce à ce procédé, je franchis rapidement les distances ; cependant, il me semble que je n'avance guère, et si j'avais eu à ma disposition un de ces incroyables mécanismes dont j'ai entendu parler, une locomotive de chemin de fer, je crois que je l'aurais encore trouvée trop lente.

Enfin, enfin, après avoir tour à tour gourmandé et cajolé les postillons, après m'être impatienté à chaque station où les chevaux n'étaient pas immédiatement prêts, à chaque colline qui retardait leur marche, après avoir compté je ne sais combien de fois le nombre des lieues que j'ai faites, et de celles qui me restent à faire encore, un beau matin j'énumère la quantité de verstes qui déjà me séparent de Moscou. Encore un jour, et je serai près de Mariette ! Comme

mon cœur respire librement à cette idée ! Comme
je me réjouis de revoir les grandes plaines de
ma province ! Quand ma pensée se reporte vers
Moscou, je sens que je ne regrette rien des splen-
deurs de cette ville, ni ses bals, ni ses fêtes, ni
son mouvement. L'image même de Nadina ne
m'apparaît que comme une vision à demi effacée.
Oui ! c'en est fait de cette vie bruyante et stérile,
de ces plaisirs trompeurs, de ces hallucinations
d'un amour qui fascinait mon imagination et
torturait ma conscience. Dieu soit loué ! C'en
est fait aussi des heures d'angoisse que j'ai subies, et des rapports avec cet homme qui a failli
me perdre. Le souvenir des derniers instants
que j'ai passés avec lui, de ses derniers efforts
pour m'enlacer dans son réseau de joueur et
d'escroc, de sa scélératesse dévoilée, de sa figure
affreuse, est pour moi comme un de ces rêves
accablants après lesquels on salue avec ivresse
la lumière du jour.

Et la lumière du jour est dans mon cœur et
mon âme. Je vais revoir Mariette, la pure,
la modeste, l'angélique Mariette. Je vais reprendre ma place dans ce calme intérieur de
famille, où s'écoula si doucement mon enfance.
Près d'y rentrer, il me semble que je redeviens
enfant ; je souris à l'idée d'assister, comme au-

trefois, chaque dimanche et chaque jour de fête, à l'office, de me promener dans le bois avec mon innocent fusil, de lire, le soir, à haute voix, la collection des voyages et de jouer au loto à deux kopecks la partie.

A mesure que je me rapproche du village d'Ivan, mon impatience ne fait que s'accroître. Dans une petite ville de notre district, où le gouverneur venait de passer, il m'a fallu attendre des chevaux pendant quinze heures. J'ai cru que je mourrais d'ennui. Je suis parti le soir, hors d'état de fermer les yeux, et reprochant à toute minute aux postillons d'aller trop lentement.

Au point du jour, je change de chevaux pour la dernière fois; quelques verstes encore, et je touche aux confins des domaines de mon tuteur.

Georges qui, dès le commencement de mon voyage, a partagé mon impatience, s'agite sur son siége, se lève et s'écrie :

— Voyez, monsieur, voilà nos bois, nos champs; voilà l'église, et déjà on distingue à travers les peupliers le toit de la maison !

Mais, en ce moment, je ne puis regarder ni les champs, ni le village; mes yeux sont fixés sur une ombre blanche que j'aperçois à quelque distance sur un monticule. C'est là qu'il y a trois ans, Mariette était accourue pour m'adresser un dernier adieu, et je regarde encore, et je ne me trompe pas : c'est elle qui, dès le matin, est revenue à la même place pour me saluer la première à mon retour. C'est bien elle... Arrêtez, postillon! Je me précipite hors de la voiture, et Mariette est dans mes bras, plus fraîche, plus riante, plus belle que jamais. Je sens mon cœur battre contre le sien. Ses larmes coulent sur mon visage, et dans l'excès de mon émotion, je tombe à genoux devant toi, ô mon Dieu! pour te remercier de ce bonheur qui m'est rendu, de la sainte joie dont mon âme est remplie.

— Te voilà donc, mon cher Alexandre! dit une voix tremblante, la voix de la bonne Eudoxie qui est accourue aussi à ma rencontre et me saute au cou.

Puis vient d'un pas plus grave mon digne tuteur, puis le fidèle Conrad, et tous les gens de la maison, jeunes et vieux, avec un affectueux empressement et une candide émotion. Je rentre avec un transport indicible dans cette demeure d'où j'ai failli être à jamais exilé. Sur le seuil de la chapelle, le prêtre m'attend. Nous nous agenouillons avec lui au pied du sanctuaire, et il m'adresse un amical discours dans lequel il dépeint le retour de l'enfant prodigue au foyer paternel. Le vénérable vieillard ne se doute pas combien cette page de l'Évangile peut s'appliquer à moi.

Quelque temps après, j'écris à Zakamskoï et au colonel pour leur annoncer mon mariage. La semaine suivante, je reçois de Zakamskoï la lettre suivante :

« Mon cher ami,

» En te félicitant du fond du cœur de ton heureux mariage, il m'est pénible d'avoir à t'annoncer la mort déplorable d'un de nos compagnons, et celle de l'homme excellent que tu avais si justement appris à aimer. Le jour même de ton départ, à cinq heures du soir, le prince Dvinskoï s'est enfermé dans sa chambre et s'est tué. La veille, il avait perdu, en jouant avec le baron Broken, quarante mille roubles qui lui avaient été confiés. Le lendemain, la police a envahi la demeure de cet abominable Broken ; mais il avait disparu, et jusqu'à présent on n'a pu découvrir de quel côté il s'est enfui. Tous ses meubles si brillants, ses tableaux, ses bronzes, il les avait pris à crédit dans divers magasins. Ses domestiques non payés ne savent ce qu'il est devenu. Ils disent seulement qu'il est sorti dans la soirée et qu'on ne l'a plus revu.

» Ce qui sera pour toi une vraie douleur,

c'est la perte de notre noble colonel. Il est mort, il y a cinq jours, ou plutôt il s'est endormi doucement dans nos bras. Dieu m'a fait la grâce d'assister à cette fin de l'homme vertueux, et jamais je n'oublierai l'impression que j'en ai ressentie. Un instant avant qu'il expirât, sa figure avait une expression de douceur et de sérénité sublime. En la contemplant, je me rappelais ces paroles qui furent adressées à un enfant : « Tu vins au monde en pleurant et ceux qui » t'entouraient étaient dans la joie ; vis de telle » sorte que, quand tu mourras, ceux qui t'en- » toureront déplorent ta perte, et que ton âme » soit dans la joie. »

» Tous les amis du bon Sergevitch pleuraient près de son lit, et lui se réjouissait de l'espoir d'une autre vie ; et quand son âme se détacha de son corps, un idéal sourire erra sur ses lèvres.

» Dnieprowski est parti pour l'Allemagne avec sa femme qui ne le quitte pas.

» Hier au soir, j'ai été visiter notre ami Neigof. Le pauvre garçon ! il est dans une maison d'aliénés. Il prétend qu'il est lui-même Cagliostro, et m'a dit, d'un ton mystérieux, qu'il t'avait mis en rapport avec le diable.

» Tu recevras avec cette lettre un paquet que le général m'avait chargé de te faire parvenir.

C'était, m'a-t-il dit, le présent de noces qu'il t'avait promis. Il me l'a remis quelque temps avant sa mort. »

Je pris avec émotion le dernier don de celui à qui je devais un éternel souvenir de gratitude.

C'était un gros livre de prières que j'avais remarqué dans la chambre du colonel la première fois que j'entrai chez lui. Sur un feuillet blanc de ce livre, il avait écrit au crayon ces deux lignes :

» Celui qui cherche le mal tombera dans le mal. Celui qui évoque l'esprit des ténèbres deviendra son esclave. »

— Eh bien, me dit un jour ma bonne et tendre Mariette, en déposant à côté d'elle son ouvrage de tapisserie, as-tu donc renoncé au travail que tu voulais faire ? Je ne vois pas que tu t'en occupes.

— Quel travail ?

— Tu avais annoncé que tu voulais écrire toute l'histoire de notre vie.

— Écoute, ma chère enfant, l'histoire d'un homme est semblable à celle d'un peuple. Sauf la différence du temps et de l'espace, il y a dans son existence, comme dans celle d'une nation, les mêmes périodes de progrès et de décadence, les mêmes alternatives de prospérité et de souffrance. Or, un ingénieux écrivain a dit que le peuple le plus heureux est celui dont l'histoire est la plus ennuyeuse. D'après cette maxime, notre histoire, à toi et à moi, ennuierait mortellement les lecteurs.

Mariette m'a donné un baiser au front, puis a repris en souriant son ouvrage.

FIN.

TABLE DES CHAPITRES.

FIN DE LA TABLE.